KB058673

스토리 건배사

특별한 날, 30초의 승부

스토리 건배사

김미경 지음 • 허달재 그림

21세기북스

건배사, 누구도 피할 수 없다

::

오늘도 술자리에선 땀이 삐질삐질

평소에는 높으신 분들만 단상 위에 오른다. 그런데 회식자리만 가면 불쑥 이런 말이 튀어나온다.

"이번에는 신입사원이 한마디 해보지?"

서둘러 멋진 말을 생각해보지만 머릿속은 이미 새하얗게 질린 상태다. 엉거주춤 일어나 우물쭈물 한마디 하고 나면 분위기는 이미 돌이킬 수 없다.

"다음에는 제대로 해보리라."

그렇게 굳게 다짐했건만 술에서 깨고 나면 말짱 도루묵이다. 그리고 다시 돌아온 회식, 매번 이런 고역이 없다.

술자리에서 공평하게 도는 건 술잔만이 아니다. 말도 공평하게 돈다. 남녀노소 지위고하를 막론하고 누구도 절대 피해갈 수 없는 말, 그러나 단 한 번도 성공한 적이 없는 말, 바로 건배사다.

이번에도 '어쨌거나 위하여'

오늘도 어김없이 김 부장의 일장 연설이 시작된다.

"오늘은 정말 기분 좋은 날입니다. 왜냐하면…… 이렇게 좋은 자리를 마련해주신 분들에게…… 그때 여러분이 없었다면 정말…… 에, 또 지난번에 그 계약을 딸 때 우리가……."

술잔을 들었다 놨다 벌써 몇 번째인가. 말도 안 되게 중언부언 늘어놓다가 결국은 '어쨌거나 위하여'로 급마무리된다.

짧을수록 어려운 게 있다. 음악은 15초 CM송이 가장 어렵듯이 말도 건배사가 가장 어렵다. 단 30초 안에 승부가 갈리는 게 바로 건배사다.

술자리 스타는 여럿 있다. 노래 잘해서 스타가 된 사람, 폭탄주 제조를 잘해서 스타가 된 사람. 그런데 건배사를 잘해서 스타가 된 사람은 아직 본 적이 없다.

짧고 임팩트 있는 말 몇 마디만 외워두면 당신도 술자리 스타가 될 수 있다.

마지막 순간은 늘 흐지부지

회식 분위기가 한창 무르익을 즈음, 사장이 단상 위에 올라 잔을 치켜든다. 왁자지껄하던 분위기는 금세 가라앉고 모두가 숨을 죽인 채 귀를

쫑긋 세운다. 폭탄주 몇 잔에 정신을 잃어가던 김 부장도 이 순간만큼은 말짱해진다.

"오늘 이 자리의 주인공은 제가 아닙니다. 바로 여기 계신 여러분입니다. 여러분들의 열정과 헌신 덕분에 오늘 우리가 이렇게 값진 성공을 거둘 수 있었습니다."

사장의 매끄러운 말솜씨로 분위기는 한껏 고조되고 직원들은 눈을 반짝이며 잔을 부딪칠 순간만을 기다린다. 그런데 사장은 뒤로 갈수록 목소리가 작아지더니 급기야 '위하여'를 하긴 한 듯한데 건배 타이밍을 제대로 안 사람은 거의 없다. 당황한 직원들은 어색하게 잔을 들고 서로를 애처롭게 바라보다가 대충 잔을 부딪치고 서둘러 자리에 앉는다.

건배사는 리더십이다. 리더십이 있는 사람은 첫 건배사에도 한 방에 사람들을 집중시켜서 일사불란하게 폭발이 일어나듯 잔을 부딪치게 만든다. 그러나 리더십이 없는 사람은 잔을 부딪치겠다고 작정한 사람마저 언제 잔을 부딪쳐야 할지 모르게 흩트려버린다.

5명이든 1,000명이든 한 명도 빼놓지 않고 산 정상까지 끌고 올라가 '야호'를 외치게 만드는 힘. 그것이 바로 수많은 말하기 가운데 건배사만이 가진 매력이다. 세상에서 가장 짧고 가장 열정적인 폭발력의 말하기. 건배사로 폼 나는 나를 보여줄 수 있는 기회를 흐지부지 놓치지 말자.

스토리 건배사가 진짜 건배사다

::

삼행시와 축약어 건배사 이제는 버려라

내가 평소 참 괜찮다고 여기던 분이 있었다. 지난해 어느 연말 모임에서 누군가가 그분에게 건배사를 청했다. 내심 기대하고 있었는데 실망스럽게도 이런 말이 툭 튀어나왔다.

"제가 얼마 전에 최신판 건배사를 입수했습니다. 여러분, '남존여비' 다들 아시죠? 지금 생각하고 있는 그런 뜻이 아닙니다. 진짜 뜻은 '남자의 존재 의미는 여자의 비위를 맞추는 것'이라고 합니다. 재밌죠? 제가 '남존'이라고 외치면 다같이 '여비'라고 외쳐주십시오."

그 연세에 그 학식에 도무지 어울리지 않는 건배사를 듣고 있자니 마음이 불편했다. 자신의 품격에 100분의 1도 안 되는 건배사를 하다니 그마저도 외우지 못해 메모지를 꺼내 읽는 걸 보니 절로 한숨이 새어 나왔다.

당나귀(당신과 나의 귀한 만남을 위하여)

원더걸스(원하는 만큼 더도 말고 덜도 말고 걸러서 스스로 마시자)

재건축(재미나고 건강하게 축복받으며 살자)

……

언제부턴가 '건배사는 삼행시 또는 축약어'라는 공식 아닌 공식이 생겨버렸다. 어느 술자리를 가봐도 아무리 인터넷을 뒤져봐도 삼행시 놀이뿐이다. 축하하는 모임이든 위로하는 모임이든 젊은 사람들이 모였건 연세 지긋한 분들이 모였건 상관없다. 건배사는 무조건 '당나귀' 아니면 '재건축' '원더걸스' 등의 축약어 일색이다.

모든 말에는 그에 어울리는 때와 장소가 있다. 말이란 절묘한 타이밍에 꼭 필요한 내용을 담아야 공감을 이끌어내는 법이다. 건배사도 마찬가지다. 어느 모임에서 어떤 사람들과 어느 순간에 술잔을 부딪치느냐에 따라 그에 어울리는 건배사를 할 줄 알아야 한다.

그저 웃자고 시도 때도 없이 '당나귀' '원더걸스'만 외쳐서는 절대로 사람들의 공감을 얻을 수 없다. 오히려 애써 쌓은 품격을 잃고 점수마저 깎아먹을 뿐이다.

지금 이 순간부터 엉터리 삼행시나 축약어 건배사는 깨끗하게 잊어라. '건배사는 삼행시 또는 축약어'라는 말도 안 되는 공식도 과감하게 버려라. 건배사는 어제 들었던 것 같은 재탕 삼탕의 흘러간 유행가가 아니라 가장 짧은 시간에 수십 수백 명의 마음을 뜨겁게 하나로 뭉치게 하는 화산 같은 자작곡이어야 한다.

건배사가 당신의 브랜드다

몇 해 전 어느 모임에 참석했을 때다. 갑자기 사람들이 키득키득 웃더니 '야, 직진할 준비해라'라고 말했다. 혼자 어리둥절해 하고 있는데 얼마 지나지 않아 나도 그들 중 한 명이 되고 말았다. 이유인즉 이렇다.

"저는 어릴 적 시골에서 혈혈단신으로 상경했습니다. 역 대합실에서 신문지 한 장 깔아놓고 자면서도 희망을 놓친 적이 없었습니다. 지난 30년 동안 어려울 때마다 늘 마음속으로 외친 말이 있습니다.

뒤돌아보지 말자, 곁눈질도 하지 말자, 오직 나의 목표를 위해 즐겁게 직진하자였습니다.

오늘은 여러분과 함께 제가 가장 좋아하는 말을 외쳐보고 싶네요. 제가 '인생은'이라고 외치면 다 함께 '직진'이라고 외쳐주십시오."

그가 건배사를 끝내자 사람들은 마치 약속이라도 한 것처럼 '직진! 직진! 직진!'이라고 연달아 세 번 크게 외쳤다. 한두 번 했던 솜씨가 아니었다. 이후에도 여러 모임에서 그의 건배사를 들을 기회가 있었다. 그때마다 사람들은 너나 할 것 없이 '직진'을 외칠 준비를 서둘렀다.

'인생은 직진'은 이미 오랜 세월 그의 브랜드가 되어 있었다. 나중에 기술이 더 늘기 시작하면서 직진이라고 외치기 전의 스토리가 점점 더 다양해져 눈물겹기까지 했다. 그에게는 족히 30종이 넘는 짧고도 감동의 스토리가 있었다.

오랜 세월에 걸쳐 축적된 그 사람만의 인생 경험과 철학이 녹아 있는 짧고도 강력한 이야기가 있는 건배사가 바로 '스토리 건배사'다. 그동안 우리가 삼행시나 축약어 건배사에 너무 익숙해져서 생소하고 낯설게 느껴질 수도 있다. 하지만 스토리 건배사만큼 쉽고 간단한 건배사도 없다. 스토리 하나만 있으면 충분하다. 내 인생의 에피소드를 몇 개만 각색해도 세상에 단 하나뿐인 나만의 스토리 건배사를 거뜬히 만들어낼 수 있다.

게다가 스토리 건배사는 일석삼조의 매력이 있다. 짧은 에피소드 하나로 사람들에게 감동을 줄 수 있고 나만의 철학이 담긴 구호로 메시지를 전파시킬 수 있다. 그리고 그것이 나에게 브랜드가 되어 돌아오는 것이다.

이제는 건배사도 브랜드가 되는 시대다. 나만의 스토리 건배사로 나만의 브랜드를 만들어보자.

스토리 건배사의 달인이 되자

::

스토리 건배사를 만드는 방법은 간단하다. 모임의 성격과 분위기를 파악하고 하고 싶은 이야기를 찾아내고 그걸 축약해서 구호로 외치면 된다. 이 세 가지 방법만 알면 100개도 1,000개도 충분히 만들 수 있다.

첫째, 상황을 파악하라 축하 자리인지, 아니면 위로가 필요한 자리인지 모임의 성격과 분위기를 파악한다. 그 모임에 참석하는 사람들이 평소 잘 알고 지낸 사람들인지, 아니면 불특정 다수인지도 고려 대상이다. 청중이 누구냐에 따라 공감의 폭이 달라지기 때문이다.

둘째, 이야기를 찾아라 내가 하고 싶은 이야기를 알아내는 것이 가장 중요하다. 축하해, 고마워, 부럽다, 멋지다, 힘내라, 해보자, 즐기자 등 모임 주인공이나 참석자들에게 하고 싶은 핵심 메시지를 찾는다.

그리고 하고 싶은 말을 가장 효과적으로 표현할 수 있는 이야깃거리를 찾는다. 모임 주인공과 얽힌 추억도 좋고 유명한 사람이 했던 말이나 신문에서 본 기사도 괜찮다. 명언, 속담, 시 등도 훌륭한 이야깃거리가 될 수 있다.

셋째, 구호를 만들어라 하고 싶은 말을 두 마디로 압축한다. 친구 생일이라면 '친구야 고맙다' '이대로 영원히' '젊게 멋지게', 회식 자리라면 '우리는 된다' '끝까지 가보자' '한턱 쏴 크게 쏴'처럼 핵심 키워드를 재빨리 뽑아낸다.

건배사는 연습하는 만큼 실력이 일취월장한다. 빠른 시간 안에 분위기를 파악하고 어울리는 이야기를 찾고 임팩트 있는 구호를 만드는 연습을 자주 해보자. 한번 머릿속에 이야기 얼개가 잡히면 그 다음부터는 어느 모임에 가도 이야기가 술술 나올 것이다.

나만의 건배사로 각색하라

음악은 어떤 리듬과 악기를 사용하느냐에 따라 무수히 많은 장르로 나뉜다. 건배사도 마찬가지다. 어떤 종류의 이야기를 사용하느냐에 따라 세 가지 패턴의 스토리 건배사로 구분된다.

이 책에 실린 105개의 건배사를 그대로 사용해도 큰 무리는 없다. 하지만 세 가지 패턴을 알면 똑같은 건배사도 얼마든지 나만의 건배사로 각색할 수 있다.

패턴1 감동을 높이려면 '드라마형 건배사' 모든 드라마에는 주인공과 줄거리가 있다. 내가 주인공이 되어 나만의 줄거리를 풀어내는 것이 바로 드라마형 건배사다. 다음 건배사를 보자.

"이 친구와 저는 피로 맺어진 뜨거운 관계입니다. 제가 고등학교 때 이 친구를 처음 만났습니다. 한 번은 제가 위경련을 일으켜서 중간고사를 망칠 위기에 처했습니다.

그때 혜정이가 수위 아저씨 자전거를 훔쳐 타고 학교 밖으로 나가 약을 사온 덕분에 시험을 무사히 치를 수 있었습니다. 나중에 알고 보니 그날 자전거를 타고 급하게 나가다가 넘어져서 크게 다쳤어요.

지금도 그 흉터가 남아 있습니다. 이렇게 우리는 피로 맺어진 끈끈한 친구입니다. 제가 '더 끈끈하게'라고 외치면 여러분이 '사랑해'라고 외쳐주세요."

친구의 생일날 둘만이 기억하고 있는 추억을 꺼내 만든 건배사다. 다른 사람들이 '생일 축하해'라고 말할 때 당신은 에피소드 하나로 훨씬 감동을 주는 건배사를 할 수 있다.

이 책에는 다양한 드라마형 건배사가 있다. 자를 대고 맞춘 것처럼 자신의 경험과 일치하는 에피소드가 있을 수도 있고 전혀 반대의 상황도 있을 것이다. 전체의 80퍼센트를 차지하는 에피소드만 통째로 내 이야기로 바꾸면 나만의 건배사로 탈바꿈할 수 있다.

패턴2 품격을 높이려면 '뉴스형 건배사'

뉴스의 사전적 정의는 '흥미롭고 중요한 정보'다. 사람들이 흥미를 느끼거나 공감할 수 있는 이야기를 활용한 것이 뉴스형 건배사다.

드라마형 건배사가 '내가 겪은 에피소드'라면 뉴스형 건배사는 '남이 겪은 에피소드'라고 할 수 있다. 다음 건배사를 보자.

"축구선수 박지성, 다들 아시죠? 그가 기자와의 인터뷰에서 이런 말을 했습니다.

'저는 칭찬이나 야유에는 신경 쓰지 않습니다. 저는 제가 가장 좋아하는 축구를 선택했고 앞으로도 가장 좋아하는 축구를 할 뿐입니다.'

한 번의 성공에 으쓱하고 한 번의 실패에 좌절하면 프로가 아닙니다. 외부의 평가가 아니라 자기 자신의 혹독한 평가와 싸워 이길 때 비로소 스타플레이어가 될 수 있습니다.

우리 모두가 진정한 스타플레이어가 되자는 의미에서 제가 '우리가'라고 외치면 '스타다'라고 합창해주시기 바랍니다."

축구선수 박지성이 언론 인터뷰에서 한 말을 활용해 만든 건배사다. 다른 사람들이 '우리 모두 프로가 됩시다'라고 말할 때 당신은 이 에피소드 하나로 보다 품격 있는 건배사를 할 수 있다.

'프로가 되자'는 말을 할 때 반드시 박지성의 말을 인용해야 하는 것은 아니다. 이 책에는 반기문, 엄홍길, 강수진, 이외수, 히딩크 등 유명인이 했던 말이나 명언, 속담, 시 등이 가득하다.

카테고리에 얽매이지 말고 모임의 성격과 분위기에 맞게 책에 실린 다양한 명언을 활용하면 나만의 멋진 건배사를 연출할 수 있다.

패턴3 재미를 높이려면 '예능형 건배사'

예능의 핵심은 상황 설정과 퍼포먼스다. 예능형 건배사를 활용하면 특별한 에피소드가 없어도 얼마든지 스토리 건배사를 할 수 있다. 다음 건배사를 보자.

"지금부터 잔을 반만 채워주시기 바랍니다. 나머지 반은 절대 채우지 마십시오. 그 반은 여러분 앞에 있는 아내가 채워줄 겁니다. 술로 채우는 게 아닙니다. 소망으로 채우겠습니다. 지금부터 아내에게 나머지 반을 무엇으로 채우면 좋을지 물어봐주십시오.

그러면 아내는 요즘 가장 원하는 것을 얘기해주시기 바랍니다. 두 글자를 넘으면 안 됩니다. 돈? 좋습니다. 보석? 좀 부담스럽군요. 모두 생각해보셨죠? 귓속말로 살짝 얘기해주십시오.

자! 남편분들은 들으셨죠?

지금부터 아내 분들은 저와 함께 '채워줘'를 외치겠습니다. 그러면 남편분들은 아내가 원하는 그 두 글자를 이 건물이 떠나가도록 크게 외쳐주시기 바랍니다. 채워줘, 사랑."

부부모임에서 활용할 수 있는 건배사다. 어린 시절 경험담도 유명한 명언도 없다. 하지만 술잔의 반을 아내가 원하는 것으로 채우고 남편이 그것을 외친다는 퍼포먼스로 이미 멋진 스토리가 완성됐다. 몸으로 하는 언어도 훌륭한 이야깃거리가 될 수 있다.

모임 분위기에 따라 서로 눈을 마주보거나, 어깨동무를 하거나, 손을 뻗는 등 다양한 퍼포먼스를 적절하게 활용해보자. 사람들의 참여와 호응을 두 배로 이끌어낼 수 있다.

100개를 1,000개, 10,000개, 무한대로 바꿔라

당신은 바로 오늘 저녁에 건배사를 하게 될지도 모른다. 그런데 이 책에는 사람들이 일반적으로 가장 많이 경험하는 105가지 건배사만 정리되어 있다. 그러다 보니 오늘 모임에 딱 맞는 건배사는 없을지도 모른다.

사실 어느 순간에도 똑같은 건배사란 있을 수 없다. 모임이 100개면 건배사도 100개이고 모임이 1,000개라면 건배사도 1,000개여야 한다. 똑같은 사람들이 똑같은 주제로 모였다 하더라도 어제 만났느냐, 아니면 오늘 만났느냐에 따라 건배사 내용이 달라진다. 어제와 오늘은 사람들의 감성이 다르고 날씨가 다르고 어제는 예측하지 못했던 돌발 사건이 오늘 발생할 수도 있기 때문이다.

이 책에 어떤 모임에서라도 곧바로 써먹을 수 있는 건배사 1만 개를 모두 싣지 못해 안타깝다. 그러나 실망하기엔 이르다. 이 책에는 105가지 건배사밖에 없지만 조금만 기술을 발휘하면 얼마든지 1,000가지, 1만 가지로 바꿔서 활용할 수 있기 때문이다. 이 책에 실린 수많은 에피소드, 명언, 구호, 단어를 재료 삼아 몇 개만 바꾸고 조합하면 전혀 새로운 건배사를 만들 수 있다.

예를 들면 결혼 축하모임에서 사용한 에피소드를 부부모임에 활용해도 되고 친구 생일잔치 때 사용한 구호를 부모님 결혼기념일에서 외쳐도 좋다. 남자친구와 헤어진 친구를 위로하거나 이혼한 후배를 격려하는 순간처럼 이 책에 없는 상황을 만나더라도 여기 적힌 다양한 에피소드, 구호, 단어들을 조금만 바꾸고 재구성하면 얼마든지 새로운 건배사를 만들 수 있다.

스토리 건배사 활용법을 확실하게 익혀서 100개를 1,000개로, 1만 개로, 무한대로 바꿔보자. 어떤 모임에서도 그 순간 그 분위기에 꼭 맞는 건배사를 재빨리 만들어내는 자신을 발견하게 될 것이다.

건배사 임팩트를 높여라

::

일단 술잔을 내려라 짧은 건배사는 잔을 들고 부딪치기까지 30초면 된다. 잔을 들고 말해도 괜찮다. 그러나 축사를 겸하는 건배사처럼 60초를 넘기는 경우에는 계속 잔을 들고 있기 어렵다. 사람들이 술잔을 들었다 놨다 하지 않게 하려면 우선 편안하게 잔을 내려놓게 한 후에 건배사를 해야 한다.

'여러분, 우선 잔을 내려놔주십시오'라고 말하면 적당하다.

건배사를 하는 사람이 술잔을 아예 들지 않거나 술잔을 배꼽 위치 정도에 두면 굳이 말하지 않아도 자연스럽게 잔을 들지 않아도 된다는 메시지를 전달할 수 있다.

술잔을 들어라 하고 싶은 말을 다했다면 이제 술잔을 들 차례다. 술잔은 구호를 외치기 직전에 드는 것이 효과적이다.

'여러분, 이제 잔을 들어 주십시오' 또는 '자, 이제 모두 잔을 가득 채워 주십시오'라고 말하면 된다(이 책에 실린 건배사에는 구호직전 '여러분 이제 잔을 들어주십시오'가 편의상 생략되어 있으니 적절히 구사해보길 권한다).

목소리를 2배로 키워라 건배사의 핵심은 모든 사람들이 한 목소리로 구호를 외치게 하는 것이다. 에피소드가 끝나갈 즈음부터 목소리를 서서히 키우다가 구호를 어떻게 외치는지 알려줄 때 2배로 크게 말해야 한다. 그래야 사람들이 분위기를 타고 평소보다 큰 목소리로 구호를 외칠 수 있다.

최고의 건배사는 구호를 외치는 방법을 알려준 후 잔을 부딪치기까지 10초 사이에 결정된다는 것을 명심하자. 큰 목소리와 장군 같은 리더십으로 최고의 이벤트를 연출해보자.

추임새를 활용하라 어느 자리에나 구호를 외치지 않는 사람은 꼭 있다. 그럴 땐 추임새를 적절히 활용해보자. '우리의 뜨거운 마음을 모아줍시다' 혹은 '여러분도 그렇게 생각하시죠?' '준비되셨습니까?'라는 말로 분위기를 띄워 참여와 호응을 유도한다.

배우가 돼라 다른 사람의 말을 인용할 때는 정말 그 사람이 말하는 것처럼 실감나게 표현해야 분위기를 띄울 수 있다. 자신이 배우가 됐다고 생각하고 성대모사를 해보자. 시를 인용할 때는 마치 시낭송회에 선 것처럼 감정을 담아 읊어야 사람들이 몰입할 수 있다.

두 마디로 압축하라 구호는 간결할수록 좋다. 그래야 사람들이 박자를 놓치지 않고 한 목소리를 낼 수 있다. 선창과 합창 모두 간결해야 힘이 실린다.

다양한 베리에이션을 활용하라 구호를 외칠 때 다양한 베리에이션(변형)을 활용하면 모임 분위기를 한층 고조시킬 수 있다. 그냥 '사랑해'라고 한마디를 합창해도 좋지만 '사랑해, 사랑해, 사랑해'라고 연달아 세 번을 외치거나 '사, 랑, 해'라고 한 글자씩 끊어서 외치면 더 극적인 분위기를 연출할 수 있다. 화음을 넣는 것도 효과적이다.

사람들을 세 그룹으로 나눠 '사'는 '도' 음으로, '랑'은 '미' 음으로, '해'는 '솔' 음으로 각기 화음을 넣어 합창하면 예상하지 못한 감동을 얻을 수도 있다.

때로는 쇼맨십이 필요하다 모임 분위기에 따라 서로를 마주보게 하거나, 어깨동무를 하거나, 러브 샷을 하거나, 일어서거나, 팔을 뻗는 등 퍼포먼스를 활용하면 효과적이다. 자신을 응원단장이라고 생각하고 숨어 있는 쇼맨십을 발휘해보자. 단, 이런 상황을 연출할 수 있는 청중의 호응도와 자신의 리더십 두 가지를 심사숙고해서 결정해야 한다.

에티켓을 지켜라 건배사를 할 사람이 절대 잊지 말아야 것 또 하나. 건배사를 하기에 앞서 자기소개를 하거나 주인공과의 관계를 알려주는 에티켓을 잊지 말자. 그러나 절대 길어져선 안 된다. 최대한 짧고 간결하게 하자.

차례

:: 격려

:: 성공

:: 실패

:: 회사

:: 회식

:: 이벤트/회식

:: 송년/신년

:: 커뮤니티

:: 부부 모임

:: 친목 모임

:: 세대별 모임

:: 계절/날씨

생일

촛불도 플러스 사랑도 플러스

더 끈끈하게 사랑해

바보야 네가 좋아

예지 있게 폼 나게

튼튼하게 씩씩하게

한결같은 사랑을 존경합니다

아버님이 최고야

촛불도 플러스 사랑도 플러스

::친구 생일잔치

여러분, 제 앞에 놓인 케이크 위에 촛불이 보이시죠? 38개나 꽂혀 있네요. 자, 여기서 12개를 빼주시기 바랍니다. 그럼 몇 개가 되죠? 26개죠. 제가 혜정이와 처음 만난 것이 26년 전입니다. 우리가 열두 살 때 만났거든요. 저는 열두 살 이후 촛불이 하나하나 늘어나는 생일 때마다 혜정이와 함께했습니다. 그때마다 우리의 우정도 사랑도 하나씩 늘어나고 있어요. 제가 '촛불도'라고 외치면 여러분이 '플러스'라고 외치고 제가 '사랑도'라고 외치면 여러분이 '플러스'라고 외쳐서 축하해주시기 바랍니다.

촛불도 플러스 사랑도 플러스

• • •

함께 보낸 세월을 부각시키는 것이 포인트다. 현재 촛불의 개수를 얘기하고 몇 개를 빼면 몇 개가 남는다는 식으로 함께 산수를 해보자. 궁금증도 유발하고 공감도 끌어낼 수 있다.

더 끈끈하게 사랑해 ::친구 생일잔치

이 친구와 저는 피로 맺어진 뜨거운 관계입니다. 혈서를 썼다는 건 아니고요. 제가 고등학교 때 이 친구를 처음 만났습니다. 우리는 남들이 사귄다고 할 만큼 서로 굉장히 친하게 지냈어요.
한번은 제가 위경련을 일으켜서 중간고사를 망칠 위기에 처했습니다. 그 때 혜정이가 수위 아저씨 자전거를 훔쳐 타고 학교 밖으로 나가 약을 사 온 덕분에 시험을 무사히 치른 기억이 있습니다.
그런데 며칠 후에 보니까 혜정이 팔에 엄청난 피딱지가 붙어 있는 거예요. 나중에 알고 보니 그날 자전거를 타고 급하게 나가다가 넘어져서 크게 다친 거죠.
혜정이에게는 지금도 그 흉터가 남아 있습니다. 이렇게 우리는 피로 맺어진 끈끈한 친구입니다. 제가 '더 끈끈하게'라고 외치면 여러분이 '사랑해'라고 외쳐주세요.

더 끈끈하게 사랑해

• • •

둘만이 기억하고 있는 진한 감동 스토리를 끌어내는 것이 핵심이다. 이런 건배사는 갑자기 생각하는 게 아니라 미리 준비가 필요하다. 20~30년 전 학창시절 어떤 스토리가 있었는지 기억해내고 그것을 40초 이하의 스토리로 만든다. 친구조차 '어떻게 저런 걸 기억했지?'라고 할 만한 이야기면 더 효과적이다. 다른 사람들에게도 '나도 저런 추억이 있었지'라고 공감을 끌어낼 수 있다.

바보야 네가 좋아 ::친구 생일잔치

여러분 이런 말 아시죠? 임금을 알려면 먼저 그 신하를 보라고 했습니다. 또 그 사람을 알려면 그 친구를 보라고 했습니다.
제 별명이 뭔지 아십니까? 바보입니다. 저의 어머니는 늘 저를 걱정하면서 말씀하십니다.
"너 그렇게 애가 착하고 바보 같아서 세상 어떻게 살 거냐."
그런데 이 자리에 바보가 한 명 더 있습니다. 바로 제 친구 혜정입니다. 혜정이는 아낄 줄을 몰라요. 의리도 아낄 줄 모르고 돈도 아낄 줄 모릅니다. 그런데 친구는 엄청나게 아낍니다.
저는 제 친구가 바보라서 너무 좋습니다. 제가 '바보야'라고 외치면 여러분은 다 같이 '네가 좋아'라고 소리쳐주시기 바랍니다.

바보야 네가 좋아

• • •

친구의 착한 성격이나 성품을 강조하기 위해 '바보'라는 단어를 활용한 건배사다. 친구가 정말 바보처럼 아낄 줄 모르는 것이 무엇인지 찾아내는 것이 핵심이다. 정情이나 시간 등 친구의 성격에 맞는 단어를 찾아 활용해보자.

한국 남자가 술을 마시는 이유는 두 가지다.
자기가 죽자고 마시거나,
누구 한 놈 죽이자고 마시거나.
장렬히 전사할 때까지…….

에지 있게 폼 나게 ::친구 첫아이 백일잔치

네가 걱정하지 않아도 될 게 세 가지가 있어. 살은 금방 빠질 거야. 피부는 더 뽀얘졌어. 거기에 예쁜 아이와 유모차가 너무 잘 어울려. 넌 최고로 매력적인 엄마가 될 거야. 결혼 전보다 더 에지 있고 폼 나게 살 거야. 그런 의미에서 우리 다 같이 건배하자. 내가 '에지 있게'라고 하면 다 같이 '폼 나게'라고 외치는 거야.

에지 있게 폼 나게

• • •

요즘 백일은 친구 모임 혹은 가족 모임으로 간소하게 한다. 만일 가족들끼리 모였을 때라면 시어머니가 며느리에게 해보자. '며늘아, 걱정 마라. 더 예뻐졌다. 에지 있게 폼나게 살아라'라고 말한다면 최고의 시어머니란 찬사가 쏟아질 것이다.

튼튼하게 씩씩하게 ::친구 첫아이 돌잔치

영석이 엄마 아빠가 연애할 때 우리한테 늘 물어봤어요.
"야, 우리가 아이를 낳으면 어떤 애가 나올 거 같냐?"
그래서 우리끼리 농담으로 그런 말을 했어요.
"둘이 야구장에서 살다시피 했으니 아이도 야구방망이 들고 태어나지 않겠냐?"
그런데 정말 오늘 돌잡이에서 야구방망이를 잡았네요. 역시 엄마 아빠의 기가 통했나 봅니다. 엄마 아빠를 쏙 빼닮은 영석이가 앞으로도 튼튼하고 씩씩하게 자라줬으면 좋겠습니다.
그런 의미에서 제가 '튼튼하게'라고 외치면 다 함께 '씩씩하게'라고 외쳐서 축하해주시기 바랍니다.

튼튼하게 씩씩하게

• • •
엄마 아빠가 결혼 전이나 신혼 시절 함께했던 둘만의 관심사 혹은 둘의 성격 등을 찾아서 이야기로 연결시키면 된다.

한결같은 사랑을 존경합니다

::아버지 팔순잔치

우리 어머니는 동네에서 음식 솜씨가 좋기로 소문이 자자한 분이었어요. 그런데 어느 날부터 자꾸 음식이 짜지기 시작했습니다. 어머니 음식 맛이 변했나 했는데 알고 보니 치매 초기 증상이었습니다. 소금을 자꾸 넣으신 거죠.

우리는 짜다고 어머니 음식을 외면하기 시작했는데 아버지는 너무나 맛있게 드시더라고요. 혹시 두 분 다? 저희는 걱정했죠. 나중에 아버지께 여쭤봤어요.

"안 짜세요? 그걸 어떻게 드세요?"

그랬더니 아버지가 이렇게 말씀하시더라고요.

"니 엄마는 음식 잘한다는 자랑 하나로 살아온 사람 아니냐. 그 자존심을 깨면 안 되지."

역시 아버지의 사랑은 저희와 비교할 수 없었습니다. 그렇게 한결같은 사랑을 해오신 아버지께 존경의 마음을 전하고 싶습니다.

제가 '한결같은 사랑을'이라고 외치면 다같이 '존경합니다'라고 말해주시기 바랍니다.

한결같은 사랑을 존경합니다

• • •

부모님 두 분 사이에 있었던 감동적인 이야기나 재미있는 에피소드를 기억해서 활용해보자.

술의 질량 보존의 법칙을 아는가?
50이 넘으면서 나는 술을 끊었다.
솔직한 표현으로 못 마신다…….
49세 때까지 내게 할당된 술을 다 마셔버렸기에.

아버님이 최고야 ::시아버지 칠순잔치

저는 결혼한 지 10년이 됐어요. 저는 참 아버님께 큰 불효를 하는 며느리였습니다. 결혼하고 6년 동안 아이가 생기지 않아 참 애를 많이 태워 드렸거든요.

아이가 없으면 음식이라도 잘해야 하는데 늘 밥하면 설고 조림하면 태우는 등 실수투성이였어요. 하지만 아버님의 항상 따뜻한 한마디 때문에 견딜 수 있었습니다.

아버님이 제게 자주 하시는 말씀 "야, 우리 며느리가 최고야."를 들을 때마다 힘이 났거든요.

오늘 아버님의 칠순을 맞아 저도 아버님을 신나게 해드리고 싶어요. 제가 '아버님이'라고 말하면 여러분은 엄지손가락을 치켜들면서 '최고야'를 외쳐주시기 바랍니다.

아버님이 최고야

• • •

칠순잔치를 맞은 어른이 평소 나에게 즐겨 했던 칭찬을 돌려드리는 것이 핵심 포인트다. 나에게 했던 칭찬은 무엇이었는지, 그 칭찬을 들을 때마다 마음이 어땠는지, 그래서 오늘 이 자리에서 그 말을 멋지게 돌려드리고 싶다는 이야기 구조를 숙지한 뒤 자신의 이야기를 넣으면 된다.

결혼

꽉 붙어 콩깍지

부럽다 친구야

퇴근할 때 참외 한 봉지

살수록 달인

두 배로 행복하자

당신은 내 운명

아버님 어머님 똑같아요

꽉 붙여 콩깍지 ::친구 결혼식

이 친구가 얼마 전에 이런 얘길 하더군요. 자기 아내 될 사람이 김태희보다 더 예쁘다고요. 콩깍지가 팍 씌운 거죠. 그런데 문제가 있습니다. 이게 2년이 지나면 다 벗겨진다는 거 아닙니까.

옛날에는 소신 있다고 하더니 이제는 "야, 완전 똥고집이야."

또 통이 크다고 좋아하더니 요즘에는 "왜 이렇게 낭비를 많이 하냐?"

참 자상하다더니 "쫀쫀해서 못 살겠다."

다들 이렇게 변합니다.

오늘 결혼한 신랑 신부는 몇 년이 지나도 눈에서 콩깍지가 떨어지지 않게 사랑의 본드로 꽉 붙였으면 좋겠네요. 그런 의미에서 제가 '꽉 붙여'를 외치면 여러분은 다 함께 '콩깍지'를 외쳐주시기 바랍니다.

꽉 붙여 콩깍지

• • •

똥고집, 낭비, 자상, 쫀쫀 같은 단어는 딱딱 끊어서 말해보자. 그래야 사람들이 몰입해서 재미있게 듣고 마지막 구호도 편하게 끌어낼 수 있다.

부럽다 친구야 ::친구 결혼식

옛날 말에 이런 구절이 있습니다.
"예쁜 여자 만나면 3년이 행복하고 착한 여자 만나면 30년이 행복하고 지혜로운 여자를 만나면 3대가 행복하다."
오늘 제가 신부를 딱 보니까 신랑은 지금 이 순간부터 3년은 물론이고 3대가 몽땅 행복할 것 같습니다. 예쁘고 착하고 지혜로운 신부를 얻은 신랑을 보니까 여러분 어떠세요? 질투가 날 만큼 부럽지 않습니까?
그런 의미에서 제가 '부럽다'라고 외치면 여러분은 '친구야'라고 합창해주시기 바랍니다.

부럽다 친구야

• • •
신랑의 친구 건배사 직후에 신부의 친구가 이 건배사를 패러디해서 말한다면 매우 재치 넘치는 건배사가 될 수 있다. 예쁜 여자는 잘생긴 남자로, 착한 여자는 자상한 남자로, 지혜로운 여자는 현명한 남자로 바꿔보자.

퇴근할 때 참외 한 봉지 ::친구 결혼식

이외수 작가가 결혼을 결심하게 된 이유가 뭔지 아십니까? 오랜 외지 생활에 지쳐 있던 이외수 작가에게 천사가 나타난 겁니다. 이외수 작가는 3년 동안 씻지도 않고 청소도 안 하고 살았다고 합니다.

하루는 밖에 나갔다 왔는데 여자친구가 자기 옷들을 다 빨아서 널어놨더래요. 눈부신 햇살 아래 나부끼는 옷들을 보니 눈물이 왈칵 난 겁니다.

'아, 결혼하자. 평생 저 여자의 빨래가 되고 싶다.'

결혼은 정신적으로 사랑하는 게 아니라 현실적으로 서로를 챙겨주는 겁니다. 결혼에서의 감동은 '사랑해'라는 말이 아니라 서로를 지극 정성 챙겨주는 데서 나옵니다.

아내를 위해 남편의 손에 들린 참외 한 봉지가 진짜 사랑이에요. 퇴근할 때 뭐라도 하나 챙겨가는 거 절대 잊지 마십시오.

그런 의미에서 우리 다 같이 행복의 비밀을 외쳐봅시다. 제가 '퇴근할 때'라고 외치면 여러분이 '참외 한 봉지'라고 외쳐주세요.

퇴근할 때 참외 한 봉지

• • •

이외수 작가의 결혼 이야기를 감정을 담아 재미있게 말하는 것이 포인트다. 내가 받은 감동이 다른 사람에게도 그대로 전해지도록 맛깔나게 얘기해보자.

"야, 술 취해서 그런 건데 네가 다 이해해."
그래서 술은
이해와 용서의 미학이다.

살수록 달인 ::후배 결혼식

남편이 네비게이션으로도 길을 못 찾을 때 아내가 한마디 합니다.
"저 남자한테 길 좀 물어봐."
백화점에서 한창 쇼핑을 하고 있는데 남편이 한마디 합니다.
"다 샀어?"
이미 결혼하신 분들은 모두 공감하시죠? 이 말 때문에 부부싸움이 그렇게 많이 납니다. 사소한 한마디 때문에 섭섭해하고 삐치는 게 바로 결혼생활이거든요.
그래서 행복한 부부를 '사랑의 달인'이 아니라 '생활의 달인'이라 부르나 봅니다. 살수록 달인이 되자는 의미에서 제가 '살수록'이라고 하면 모두 '달인'이라고 외쳐주세요.

살수록 달인

• • •
따옴표 안의 말을 얼마나 실감나게 표현하는가에 따라 분위기가 달라진다. 성대모사를 하는 느낌으로 최대한 맛깔나게 해보자.

두 배로 행복하자 ::친구 재혼식

여러분, 이 결혼이 몇 번째인지 아십니까? 두 번째입니다. 이 두 분이 참 대단한 사람들이에요. 세상에서 가장 아름답지만 어려운 도전을 두 번이나 하는 분들이거든요.

한 번 실패했다고 행복이 포기가 됩니까? 절대 포기할 수 없는 게 바로 행복이잖아요. 두 번째 사랑에 도전하는 이 두 사람이야말로 가장 용감한 사람들입니다.

한 번의 아픔이 있었던 만큼 꼭 두 배로 행복하셔야 합니다. 이 두 사람이 30년 후에도 지금처럼 행복할 수 있게 제가 '두 배로'라고 선창을 하면 모두 '행복하자'라고 화답해주세요.

두 배로 행복하자

• • •

'두 배로 행복하라'는 메시지를 전달하는 것이 핵심이다. 절친한 관계가 아니라면 상황에 따라 '몇 번째 결혼'이나 '한 번의 아픔' 같은 단어는 생략하는 것도 괜찮다.

당신은 내 운명 ::친구 25주년 결혼기념일

러시아 속담에 이런 말이 있습니다.
"전쟁터에 나갈 때는 한 번 기도하고 바다에 나갈 때는 두 번 기도하고 결혼할 때는 세 번 기도하라."
그만큼 결혼이라는 것이 엄청난 전쟁이라는 거죠. 정신 바짝 차리고 버티지 않는다면 오랜 세월 행복하게 사는 거 쉽지 않은 일 같습니다.
그런데 여기에 25년 세월을 한결같이 멋지게 살아내고 오늘 은혼식을 맞이한 부부가 있습니다. 아름다운 운명을 만든 분들이죠.
두 분은 지금도 서로를 가장 멋진 운명으로 알고 있답니다. 제가 '당신은'이라고 선창하면 여러분은 '내 운명'이라고 외쳐주세요.

당신은 내 운명

• • •
속담을 활용한 건배사다. 결혼 기간만 바꿔서 그대로 활용해보자.

행복이란
매일 밤 아내와 마시는 와인 한 잔
혹은 맥주 한 잔.

아버님 어머님 똑같아요

::부모님 50주년 결혼기념일

여러분, 부부가 함께 오래 살면 얼굴이 닮아간다는 말 아십니까? 자식이 대학에 붙을 때 함께 웃고 또 자식이 아플 때 함께 울면서 서로 표정이 닮아간다고 합니다.

사람의 얼굴은 80개의 근육으로 이루어졌는데, 이걸 같은 순간에 같이 쓰니까 닮아가는 거겠죠. 제가 살면서 우리 부모님이 가장 자랑스러웠을 때는 이런 말을 들을 때입니다.

"야, 너희 부모님은 어쩜 그렇게 닮으셨냐? 오누이라고 해도 믿겠다."

저도 부모님처럼 아름답게 닮아가겠습니다. 제가 '아버님 어머님'을 외치면 다 함께 '똑같아요'라고 외쳐서 축하해주시기 바랍니다.

아버님 어머님 똑같아요

• • •

따옴표 안에 있는 말을 재미있고 실감나게 표현해보자. 더 효과적으로 분위기를 띄울 수 있다.

가족

아버지 사랑합니다

어머니 고맙습니다

초보 엄마 파이팅

마음껏 먹고 순산해라

이런 집에 살고 싶다

어머니 사랑합니다

아버지 사랑합니다 ::어버이날

저의 아버지는 참으로 서투른 사람입니다. 특히 가족에게 사랑을 표현하는 데는 한없이 서투른 사람입니다. 저는 아버지와 손을 잡은 기억이 거의 없습니다. 아버지와 따뜻한 대화를 나눠본 기억도 거의 없습니다. 아버지는 늘 그런 사람이겠거니 했습니다.
그런데 제가 첫아이를 낳았을 때 손자를 안고 눈물이 글썽거리는 아버지의 모습을 보면서 처음으로 아버지가 따뜻한 사람이라는 걸 알게 됐습니다.
저는 아버지처럼 살지 않겠습니다. 울고 싶을 때 울고 말하고 싶을 때 말하고 살 겁니다. 아버지 이제부터라도 그렇게 사세요. 더 늦기 전에 말하겠습니다. 제가 '아버지'라고 외치면 다 함께 '사랑합니다'라고 외쳐주세요.

아버지 사랑합니다

• • •

가족 모임이나 아버지를 주제로 하는 모임 또는 행사에서도 활용해보자. 아버지에 대한 안타까움과 애정을 표현해보는 것이 포인트다.

어머니 고맙습니다 ::어버이날

우리 어머니는 잔소리쟁이입니다.
'싸우지 마라, 늦게 다니지 마라, 끼니 거르지 마라, 어지럽히지 마라.'
눈만 마주치면 자동으로 잔소리가 나옵니다. 그게 어찌나 싫었던지 나중에는 어머니 얼굴만 보면 짜증부터 내곤 했습니다.
그런데 저도 부모가 되고 보니 이제야 알 것 같습니다. 저를 키운 건 우리 어머니의 잔소리였다는 걸요. 어머니 감사합니다. 항상 건강하세요. 제가 '어머니'라고 외치면 다 함께 '고맙습니다'를 외쳐주세요.

어머니 고맙습니다

• • •
어머니가 주인공인 자리라면 어디에서든 짧고 감동적으로 사용할 수 있는 건배사다.

초보 엄마 파이팅 ::친구 임신

예전에 혜정이가 어땠는지 아세요?
"난 결혼 같은 거 안 할 거야."
"어머, 무서워서 어떻게 애를 낳니?"
그랬던 혜정이가 이렇게 바뀌었습니다. 친구들 중에 가장 먼저 결혼을 하더니 이번에는 가장 먼저 엄마가 되네요.
내숭쟁이 초보 엄마도 건강하고 뱃속에 있는 아이도 건강하게 태어나길 바라는 마음으로 제가 '초보 엄마'라고 말하면 여러분은 '파이팅'이라고 화답해주세요.

초보 엄마 파이팅

...
따옴표 안의 말을 최대한 친구의 말투 그대로 표현해보자.

1년에 세 번 정도는 꼭 필름이 끊긴다.
낭만인 줄 알았다.
그런데 알코올성 치매란다.
헐~~~

마음껏 먹고 순산해라 ::친구 임신

여자가 임신을 하면 증상이 세 가지(특히 먹는 것에 공포가 생기죠?)가 있대요. 첫 번째는 '살찌면 어쩌지?' 두 번째는 '하루 종일 메슥거려.' 세 번째는 '그것만 먹으면 살겠어.'

그래서 널 위해 준비했어. 바로 돼지족발. 살도 안 찌고 네가 가장 먹고 싶어 했던 거야. 마음껏 먹고 예쁜 아기 순산해. 그리고 먹고 싶은 거 있으면 언제든지 말해. 우리가 다 사줄게.

그런 의미에서 제가 '마음껏 먹고'를 외치면 여러분은 '순산해라'라고 외쳐주세요.

마음껏 먹고 순산해라

• • •

누군가 임신을 하면 먹고 싶은 것을 사주는 것이 최고의 선물이다. 입덧할 때 못 먹은 음식은 그걸 안 사준 사람과 함께 평생 기억된다고 한다. 시어머니가 며느리에게, 남편이 아내에게 마련한 자리에서도 변형해서 사용해보자.

이런 집에 살고 싶다 ::친구 이사/집들이

살면서 넓어질수록 좋은 게 몇 가지가 있습니다. 특히 큰 차를 사고 큰 집을 사는 것만큼 기쁜 일이 없죠.
그런데 큰 집을 장만하는 게 꼭 좋기만 한 건 아닌 것 같아요. 불편한 게 한두 가지가 아니거든요. 우선 화장실에 갈 때는 빨리 뛰어야 합니다. 너무 멀어서 중간에 실수할지도 모르거든요. 청소도 2박 3일이나 걸립니다.
하지만 아무리 불편해도 이런 집에서 살아보고 싶네요.
오늘 행복의 보금자리를 마련한 내 친구 혜정이에게 축하의 건배를 해주고 싶습니다. 제가 '이런 집에'라고 외치면 다 같이 '살고 싶다'라고 외쳐 주세요.

이런 집에 살고 싶다

• • •

코믹 버전의 건배사다. 약간은 과장해서 넉살 좋게 말해야 제대로 분위기를 살릴 수 있다.

어머니 사랑합니다 ::어머니 장례식

어느 날 앞을 못 보는 장님이 밤길을 걸어가고 있었습니다. 그와 마주친 사람이 물었습니다.
'당신은 어리석은 사람이군요. 앞을 못 보면서 왜 등불을 들고 다닙니까?'
그러자 장님이 답했습니다.
'당신이 나와 부딪치지 않게 하려고요. 이 등불은 제가 아니라 당신을 위한 것입니다.'
저는 이 이야기를 들으면서 어머니를 떠올렸습니다. 어머니는 제게 등불이었습니다. 당신의 삶을 온전히 저를 위해 비춰주신 분이었습니다.
어머니의 마지막 가시는 길에 꼭 이 말만은 전해드리고 싶습니다. 제가 '어머니'라고 외치면 모두 '사랑합니다'라고 외쳐주시기 바랍니다.

어머니 사랑합니다

• • •

장례식 직후 추모식이나 1주기나 2주기 등의 모임에서 활용해보자.

격려

진짜 사나이

숙제는 끝났다 앞만 보고 달리자

떠나라 꿈을 향해

우리만 믿어

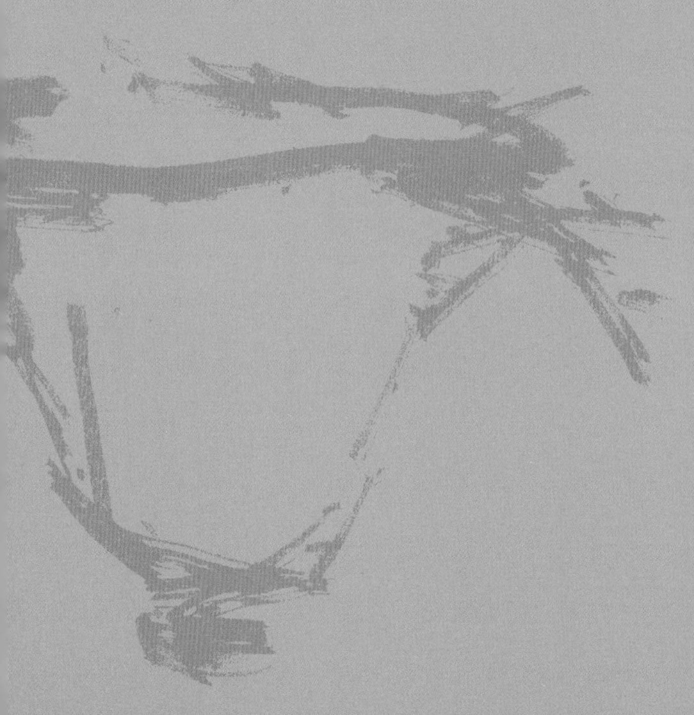

진짜 사나이 ::친구 군 입대

군대는 참 좋은 곳입니다. 군대에 들어가면 밥 나옵니다. 옷 나옵니다. 돈 나옵니다. 그런데 딱 하나 문제가 있습니다. 군대에 들어가면 못 나옵니다.
군대는 남자의 마지막 휴가라는 말이 있습니다. 2년이 지나고 진짜 사나이가 되어 돌아오는 당신을 기대하고 있겠습니다.
그런 의미에서 다 함께 외쳐봅시다. 제가 '진짜'라고 외치면 여러분은 '사나이'라고 외쳐주세요.

진짜 사나이

• • •

'못 나옵니다'를 말한 후 2초 정도 공백을 두자. 그래야 분위기를 진지하게 바꾸기 쉽다. '못 나옵니다'를 강조해야 반전이 된다.

숙제는 끝났다 앞만 보고 달리자 ::친구 군 제대

얼마 전 형수님이 둘째를 낳고 이런 말씀을 하셨어요.
"숙제는 끝났다. 앞만 보고 달리자."
자! 남자에게도 숙제가 있습니다. 군대죠!
오늘 제 친구가 드디어 군인에서 민간인의 신분으로 돌아왔습니다. 긴 말 필요합니까? 숙제는 끝났고 이제부턴 앞만 보고 달리는 일만 남았습니다. 인생의 큰 숙제를 마치고 돌아온 제 친구를 환영하며 구호를 외쳐봤으면 좋겠습니다.
제가 '숙제는 끝났다'라고 외치면 다 같이 '앞만 보고 달리자'를 외쳐주세요.

숙제는 끝났다 앞만 보고 달리자

• • •
활기 찬 음성으로 구호를 정확히 알려주자. 긴 구호일수록 더욱 확실하게 전달해줘야 한다.

떠나라 꿈을 향해 ::친구 해외연수/유학

고은 시인이 이런 시를 남겼습니다.
'떠나라, 낯선 곳으로. 그대 하루하루의 낡은 반복으로부터.'
이제 며칠 후면 내 친구 혜정이가 유학을 떠납니다. 일상에 안주하기를 거부하고 낯선 곳으로 당당하게 떠나는 친구를 응원해줍시다. 제가 '떠나라'라고 외치면 큰 목소리로 '꿈을 향해'라고 말해주세요.

떠나라 꿈을 향해

• • •
시를 인용할 때는 시구를 흐지부지 말하면 인용의 의미가 없다. 감정을 실어 읽어야 한다.

대학시절 맥주 500cc를 마시고 쓰러졌다.
술 체질이 아닌 줄 알았다.
그런데 입사 후 회식에서 알게 됐다.
맥주만 약하다는 것을.

우리만 믿어 ::친구 100일/1주년

사실 혜정이가 길동 씨를 만난다고 했을 때 엄청 말렸습니다. 이유가 뭐냐고요? 엄청 많죠. 우선 길동 씨 얼굴이 잘생겼다고 해서 말렸습니다. 바람 피울까봐서요. 돈이 많다고 해서 말렸습니다. 거만할까봐서요. 성격까지 좋다고 해서 또 말렸습니다. 성격 좋은 남자한테는 여자가 많다고들 하잖아요.

그런데 오늘 이 자리에 와보니 역시나 혜정이를 말려야 할 것 같습니다. 혜정이가 다른 남자한테 한눈팔지 못하게 말리겠습니다. 길동 씨와 헤어지지 못하게 말리겠습니다.

길동 씨, 우리만 믿으세요. 제가 '우리만'이라고 외치면 다 같이 '믿어'라고 해주시기 바랍니다.

우리만 믿어

• • •

상대에 따라 공부, 직업, 키 등 여러 가지 장점을 찾아내 다양하게 응용해보자.

성공

오늘처럼 배우자

그래도 사랑합니다

홍길동 해냈구나

이제는 결혼이다

화끈하게 쏴라

안혜정 사랑해

당신을 살 거야

부럽다 친구야

너한텐 못 당해

성공을 휩쓸어라

오늘처럼 배우자 ::졸업식

여러분은 졸업장이 몇 개입니까? 저는 오늘까지 총 8개의 졸업장을 땄습니다. 얼마 전에 저희 어머니가 노인대학에서 졸업장을 받으셨어요. 그 졸업장은 어머니가 태어나서 처음 받은 것이었습니다. 우리 어머니, 정말 아이처럼 엉엉 우시더라고요. 그때 어머니의 우는 모습을 보면서 이런 생각을 했습니다.

'나는 참 행운아다. 무엇이든 배울 수 있고 졸업장도 얼마든지 딸 수 있지 않냐.'

그런 생각을 했습니다. 제 나이가 올해 50입니다. 하지만 제게 배움에서 졸업이란 없습니다. 죽는 날까지 배우는 즐거움을 누릴 겁니다. 제게 또 한 번의 배우는 행복을 안겨준 오늘을 위해 다 같이 외쳐주십시오. 제가 '오늘처럼'이라고 외치면 다 함께 '배우자'라고 화답해주시기 바랍니다.

오늘처럼 배우자

• • •

지금까지 내가 받은 졸업장 개수와 앞으로 받게 될 졸업장 개수를 숫자로 표현하면 훨씬 생동감 있는 건배사를 할 수 있다. 어머니 사례 대신 신문이나 책에서 읽은 배움에 관한 에피소드를 활용해도 좋다.

그래도 사랑합니다 ::최고위과정/CEO과정 졸업식

오늘 여러분의 졸업을 정말 축하합니다. 여러분을 가르치는 동안 행복하고 즐거웠습니다. 왜냐하면 다들 어린아이처럼 열심히 배우셨거든요. 가끔씩 제게 이런 문자가 왔습니다. '숙제 안 했는데 가도 돼요?' '반밖에 못했는데 가도 돼요?' '발표 안 시키면 갈게요.'

그런데 정말 죄송하단 말씀을 드려야 할 것 같습니다. 숙제 검사 안 한다고 해놓고 꼭 해서 미안합니다. 반만 해도 된다고 해놓고 왜 안 했냐고 야단쳐서 미안합니다. 안 시킨다고 하고 어김없이 시켜서 미안합니다. 그러나 이 모든 것은 여러분을 괴롭히려는 게 아니라 깊이 아끼는 스승의 마음이라는 것을 아실 겁니다. 혹여 섭섭한 마음이 있거들랑 내려놓고 가십시오.

그래도 여러분이 늘 저를 사랑할 줄로 믿습니다. 여러분의 마음을 보여주세요. 제가 지금부터 '그래도' 하면 '사랑합니다'라고 외쳐주시기 바랍니다.

그래도 사랑합니다

• • •

예전에 한 강의에서 이 건배사를 소개했더니 몇몇 임원들이 잽싸게 적어갔다. 한 유통회사 CEO는 연말 회식자리에서 이렇게 써먹었다.

"올 한 해를 보내며 여러분에게 미안한 것이 세 가지가 있습니다. 영업 너무 시켜서 미안하고 칭찬 많이 못 해서 미안하고 더 잘하라고 채근만 해서 미안합니다. 하지만 그것이 모두 회사와 우리를 위한 것이었음을 알아줄 거라고 믿습니다. 지난 10년 동안 그랬던 것처럼 앞으로도 형님과 아우처럼 단단하게 지냅시다."

그러자 직원 한 명이 뜨거운 전우애를 느꼈다며 엉엉 울더란다. 아랫사람에게 미안한 일이 생길 때마다 메모를 해두고 모임에서 활용하면 누구나 감동적인 건배사를 할 수 있다.

홍길동 해냈구나 ::친구 합격

저는 사실 이렇게 될 줄 알고 있었습니다.
'인생 뭐 있냐? 술이나 먹자' 아무리 전화해도 꿈쩍도 안 한 놈입니다. '가끔은 놀아줘야 머리가 잘 돌아가지' 그렇게 꾀어도 의자에서 떨어지지 않던 놈입니다. 씻을 시간도 없는지 떡 진 머리로 무릎 나온 추리닝만 입고 다닌 놈입니다.
그렇게 지독하게 공부하더니 결국 해낸 것 좀 보세요. 참 대단한 녀석입니다. 자신과의 싸움에서 당당하게 승리한 친구에게 이 말을 꼭 해주고 싶습니다. 제가 '홍길동'이라고 외치면 다 함께 '해냈구나'라고 외쳐주세요.

홍길동 해냈구나

· · ·

코믹 버전의 건배사다. 최대한 감정을 살려서 실감나게 표현해보자. 상대의 공부 과정에서 스토리를 만들어 표현하고 합격의 순간에 만능으로 활용하면 된다.

이제는 결혼이다 ::자녀 첫 취업

얼마 전 옆집 아줌마가 아들이 첫 월급 탔다고 빨간 내복을 들고 왔지 뭐냐. 너무 기특하다고 아들 자랑을 그렇게 하더라. 그래서 내가 말했지.
“어유, 요즘에 누가 촌스럽게 빨간 내복을 입어.”
그런데 이게 웬일이니. 내가 받아보니까 너무 감격스럽다.
고맙다, 우리 아들. 이제 용돈 안 줘도 되고 정말 다 컸네.
이제 장가만 가면 되겠다. 부지런히 연애해서 빨리 장가가라. 엄마가 건배사 해보는 건 생전 처음인데 그래도 꼭 이 소리는 하고 싶다.
엄마가 ‘이제는’이라고 말하면 우리 식구 다 같이 ‘결혼이다’라고 외쳐주자. 알았지?

이제는 결혼이다

• • •

코믹 버전의 건배사다. 최대한 감정을 살려서 실감나게 표현해보자. 자녀가 빨간 내복이 아닌 다른 선물을 했다면 그걸 얘기하면 된다. “뭘 이런 걸 사와. 돈이나 모아.” 이런 말은 피하자.

화끈하게 쏴라 ::친구 첫 취업

그동안 우리가 깡소주에 새우깡으로 버티느라 얼마나 힘들었습니까? 그런데 이제 우리에게도 드디어 물주가 생겼습니다. 만날 빈대 붙던 길동이가 드디어 취업을 했습니다. 우리도 이제 고기 안주에 양주를 먹어 보게 생겼습니다.

오늘 새로운 물주의 탄생을 축하하며 건배합시다. 제가 '화끈하게'라고 외치면 다 같이 '쏴라'를 소리 질러주세요.

화끈하게 쏴라

• • •

친구 취업뿐 아니라 승진과 합격 등 '화끈하게 쏘라'고 권할 수 있는 자리에서 변형해 활용해보자.

"오늘 각5병 어때?"

·

·

·

20년 전 얘기다.

안혜정 사랑해 ::아내 전시회

오늘 제 아내의 그림 전시회에 와주신 여러분께 감사의 인사를 드립니다. 저는 40년 넘게 내조자로 살아온 아내를 무척 사랑합니다.
그러나 여러분 앞에서 죄송한 말씀이지만 제게는 사랑하는 여자가 따로 있습니다. 그 사람은 40년간 저를 뒷바라지한 '아내 안혜정'이 아니라 오늘 예술가로 다시 태어난 '화가 안혜정'입니다. 화가로 다시 태어난 제 아내를 저와 똑같은 마음으로 사랑하고 지켜봐주시기 바랍니다.
그간 제가 바쁘다는 핑계로 또 쑥스러워서 다하지 못했던 말을 오늘 하고 싶습니다. 여러분도 저를 좀 도와주시겠습니까? 제가 '안혜정'을 외치면 다 같이 '사랑해'를 외쳐주시기 바랍니다.

안혜정 사랑해

• • •

이 건배사의 묘미는 반전에 있다. '아내 안혜정'과 '화가 안혜정'처럼 한 사람의 변화를 강조하는 단어를 찾아 활용해보자.

당신을 살 거야 ::출판기념회

세상에서 돈으로 살 수 없는 사람을 가장 값싸게 살 수 있는 방법이 있습니다. 그게 뭔지 아십니까? 바로 그가 쓴 책을 사는 것이죠.
오늘의 이 저자는 단돈 1만 3,000원입니다. 이 돈이면 그의 어마어마한 인생 경험과 철학을 살 수 있습니다.
그의 노하우를 한 권의 책에 담아 너무나도 저렴하게 아낌없이 나눠준 저자에게 우리의 강력한 지지를 보내줍시다.
제가 '당신을'이라고 말하면 여러분은 '살 거야'라고 외쳐주세요. 그럼 시작해볼까요?

당신을 살 거야

• • •

저자라는 단어 대신 저자의 이름을 정확하게 불러주자. '30년 경영 노하우'나 '성공 철학'처럼 책의 핵심 키워드를 사용하면 더 효과적이다.

멋지다 친구야 ::친구 개업식

저는 제 친구가 이렇게 멋진 일을 저지를지 몰랐습니다. 오래전 영화 「뉴욕의 가을」에서 리처드 기어가 잘 나가던 직장을 그만두고 레스토랑을 여는 장면을 보면서 부러워했어요.
그런데 세상에 그걸 제 친구가 했네요. 친구를 통해 대리만족하는 기쁨이 이런 건가 봅니다. 친구가 잘되길 바라는 마음을 담아 세상에서 제일 멋진 이 친구에게 기를 불어넣읍시다. 제가 '멋지다' 하면 다 함께 '친구야'를 외쳐주십시오.

멋지다 친구야

• • •

최근에는 40~50대에 회사를 그만두고 창업을 하는 사람들이 많다. 주인공이 지금까지 어떤 일을 해왔고 창업을 위해 얼마나 큰 용기를 냈는지 이야기하면 훈훈한 분위기를 연출할 수 있다.

너한텐 못 당해 ::친구 수상

저는 오늘 이 친구의 수상을 도저히 이해할 수가 없습니다. 왜냐? 제가 이 친구보다 더 잘생겼어요. 통장도 더 많습니다. 차도 더 좋은 거 탑니다. 미인과의 데이트도 제가 더 많이 했어요. 아무리 따져봐도 이 친구보다 제가 훨씬 난 놈입니다.
그런데 유일하게 딱 하나! 제가 이 친구보다 부족한 게 있습니다. 바로 끈기입니다.
이 상은 제 친구가 아니면 받을 수 없는 상이에요. 저는 죽었다 깨어나도 못 받는 상입니다. 끈기만큼은 이 친구를 당해낼 수가 없어요. 이렇게 대단한 제 친구의 수상을 축하하고 싶습니다. 제가 '너한텐'이라고 외치면 다 함께 '못 당해'라고 힘차게 말해주세요.

너한텐 못 당해

• • •

친구의 가장 큰 장점을 찾아내는 것이 포인트다. 외모, 통장 개수, 자동차 등은 상황에 맞춰 바꿔 말하면 된다. 친구보다 더 잘난 점을 이야기할 때는 반전의 장점을 염두에 두고 코믹하게 만들어야 한다.

성공을 휩쓸어라 ::당선

코닥이 제일 처음 만든 광고 문구를 기억하십니까?
"Press the button. We do the rest."
버튼을 누르기만 하면 나머지는 다 알아서 한다는 뜻이죠. 당시 코닥은 이 광고로 세계 카메라 시장을 휩쓸었습니다.
오늘 여러분은 홍길동이라는 버튼을 눌렀습니다. 이제 우리가 할 일은 모든 것을 홍길동에게 맡기는 것입니다.
앞으로 길동이가 우리를 위해 성공을 휩쓸라는 뜻에서 제가 '성공을'이라고 선창하면 여러분은 '휩쓸어라'라고 외쳐주세요.

성공을 휩쓸어라

• • •

영어 속담이나 문구를 인용할 때는 쉬운 것을 택해야 공감을 일으킬 수 있다. 간혹 어려운 영시를 인용하는 분이 있는데 분위기를 다운시킬 수 있다.

실패

나를 넘어서자 ::불합격/실패

여러분, 엄홍길 대장 다들 아시죠? 세계 최초로 히말라야 16좌를 완등한 사람입니다. 그의 좌우명이 무엇인지 아십니까?
바로 '자승최강'입니다. 자신을 이기는 것이 가장 강하다는 의미죠. 그는 에베레스트 산이 아니라 마음속의 거대한 산과 싸웠습니다. 자기 자신과 싸워 이겼던 거죠.
이제 우리가 싸워야 할 것은 우리 마음속의 좌절과 실패입니다. '자승최강'을 되새기며 오늘을 딛고 일어섭시다.
제가 '나를'이라고 외치면 여러분은 '넘어서자'라고 힘차게 외쳐주시기 바랍니다.

나를 넘어서자

...
불합격/실패를 위로하는 자리다. 목소리 톤에 유의하여 오해 없이 위로와 격려가 되도록 해야 한다.

실패도 능력이다 ::계약/프로젝트 실패

이상한 회사가 하나 있습니다. 망한 회사에서 일했던 사람만 골라서 뽑아요. 프로젝트에 실패한 사람에게 먼저 승진 기회를 줍니다. 그러고도 회사가 잘 굴러갈까 싶지요? 그런데 참 잘 굴러갑니다. 마이크로소프트의 빌 게이츠 회장이 CEO이거든요.
이유가 뭘까요? 간단합니다. 실패도 능력이라는 겁니다. 실패를 해봐야 실패하지 않는 방법을 알 수 있고 성공하는 방법도 알게 된다는 겁니다. 여러분, 성공하고 싶으시죠? 그럼 이제부터 질리도록 실패해봅시다. 제가 '실패도'라고 외치면 다 함께 '능력이다'를 외쳐주세요.

실패도 능력이다

• • •
마이크로소프트 사례를 자신의 실패담이나 다른 성공한 인물의 실패담을 인용해도 좋다.

마지막에 이기자 ::승진 누락

최고의 도박사가 어떤 사람인지 아세요? 마지막에 일어날 때 돈을 따는 사람입니다. 그럼 인생에서 최고의 승자는 누구겠습니까? 바로 마지막에 웃는 사람입니다. 행운과 불운은 누구에게나 번갈아가며 찾아옵니다.
앞으로 다가올 행운을 기다릴 줄 아는 사람만이 최후의 승자가 될 수 있습니다. 우리 모두 최후의 승자가 돼봅시다. 제가 '마지막에'라고 운을 띄우면 여러분은 '이기자'라고 소리쳐주세요.

마지막에 이기자

• • •
승진한 자와 누락된 자 중 누가 더 술을 많이 마실까? 누락된 사람에게 무슨 말이든 해줘야 할 때 활용해보자.

큰 꿈을 꾸자 ::친구 실직

드라마 「선덕여왕」에 이런 대사가 있습니다.
"오직 꿈꾸는 자만이 계획을 세우고 방법을 찾아낸다."
제 친구가 잃어버린 것은 직장이지 꿈이 아닙니다. 꿈이 있으니 다시 도전하고 성공을 찾아낼 거라고 믿어 의심치 않습니다.
꿈이 클수록 성공도 커진다고 하지 않습니까. 우리, 이왕이면 큰 꿈을 꿔봅시다. 그런 의미에서 제가 '큰 꿈을'이라고 말하면 다 함께 큰 목소리로 '꾸자'라고 외쳐주세요.

큰 꿈을 꾸자

• • •
'제 친구가 잃어버린 것은 직장이지 꿈이 아닙니다.' 힘을 주어 진심을 담아 전달해주자.

힘내라 친구야 ::친구 실직

이외수 작가는 이런 명언을 남겼습니다.
"백수는 직업을 잃어버린 사람이 아니라 직업을 선별하고 있는 사람이다."
그런 면에서 보자면 오늘 백수가 된 제 친구는 적어도 한 가지 기회는 얻었네요. 새로운 직업을 가질 기회를 말입니다.
우리들의 친구를 격려하는 의미에서 제가 '힘내라'를 외치면 여러분은 '친구야'를 외쳐주시기 바랍니다.

힘내라 친구야

• • •
명언이 명언다운 이유는 '야! 괜찮아. 잊어버려'라고 우기는 것보다 마음에 진한 위로가 되기 때문이다.

젊은 직원들이 말한다.
"부장님, 와인에 치즈 어떠세요?"
품위 있게 따라나선다.
그리고 나오면서 늘 한마디 한다.
"어디 가서 소주로 입가심하지!"

드디어 자유다 ::친구 명예퇴직

신발 사러 가면 신발만 보입니다. 미용실에 가면 사람들 머리만 보입니다. 회사에 가면 뭐가 보일까요? 일밖에 안 보입니다.
길동이도 늘 일밖에 모르던 친구였습니다. 하지만 오늘부터는 아닙니다.
회사를 벗어나 새로운 것을 볼 수 있게 됐거든요.
저는 이 의미를 길동이에게 이렇게 알려주고 싶습니다. 제가 '드디어'라고 외치면 다 함께 '자유다'라고 외쳐주세요.

드디어 자유다

• • •
자유다!를 외칠 때는 건배 제안자가 정말 자유를 찾아 기쁜 것처럼 두 손을 번쩍 들어 선창해보자.

당신을 즐기세요 ::남편 은퇴

당신, 너무 고마워요. 당신은 큰일을 했어요. 아이들 모두 대학에 갔죠, 집도 샀죠, 큰아이 결혼도 했잖아요.
그러니 부탁할게요. 당신의 지난 30년은 우리의 꿈을 위해 썼으니 앞으로 남은 30년은 오직 당신만을 위해 써주세요.
쑥스럽지만 남편에게 이 말을 꼭 해주고 싶어요. 제가 '당신을'이라고 외치면 여러분은 '즐기세요'라고 말해주시기 바랍니다.

당신을 즐기세요

• • •

남편의 은퇴 자리에서 아내가 이렇게 여유 있는 건배사를 한다면 최고의 여성으로 보이지 않을까?

인생은 해피엔딩 ::지인 은퇴

드라마 시청률이 언제 가장 높은지 아십니까? 바로 마지막회입니다. 드라마의 결론은 마지막회까지 봐야 알 수 있습니다.
인생도 마찬가지 아닐까요? 지나간 60년 세월은 중요하지 않습니다. 은퇴 후 30년이 인생의 결론을 바꿉니다. 해피엔딩을 원한다면 마지막까지 달립시다.
제가 '인생은'이라고 외치면 다 함께 '해피엔딩'이라고 외치는 겁니다. 자! 다 함께 달립시다.

인생은 해피엔딩

• • •
본격 은퇴시대가 시작되는 요즘, 은퇴에 대한 건배사 한 개쯤은 가지고 있어야 한다.

'우리의 젊음을 위하여 잔을 들어라.'

–최백호 「입영전야」 중에서

인생은 이모작 ::지인 은퇴

살면서 이런 생각해본 적 있으십니까?
'시간만 나면 그걸 해볼 텐데.'
이런 생각 다들 해보셨죠? 『주홍글씨』라는 소설을 아실 겁니다. 너대니얼 호손이 쓴 『주홍글씨』는 그가 직장을 잃은 후 탄생한 역작입니다. 너대니얼 호손은 직장에 다닐 때 늘 이런 말을 했대요.
"내가 언젠가 직장을 그만두고 시간이 생긴다면 꼭 한번 소설을 써보고 싶다."
직장을 잃은 후 남은 시간이 그에게는 오히려 인생 이모작의 기회가 된 거죠. 우리도 설레는 마음으로 인생 이모작을 즐겨보자는 의미에서 제가 '인생은'이라고 외치면 다 함께 '이모작'이라고 화답해주시기 바랍니다.

인생은 이모작

• • •
만일 은퇴 당사자가 은퇴 후 꼭 하고 싶다던 일이 있다면 『주홍글씨』 스토리 이후에 그것에 덕담을 하면 더 좋다.

회사

우리는 멋지다

신화를 만들자

그대가 새순이다

○○(회사 이름) 미래로

AA(회사 이름)의 ○○(제품 이름), 한국의 ○○, 세계의 ○○

우리가 간다

우리는 강하다

비전을 향해 앞으로

우리가 스타다

함께 가자

꽃피우고 열매 맺자

우리는 슈퍼맨

자랑스런 한국, 다이내믹 코리아

우리는 멋지다 :: 창립기념식

발레리나 강수진이 이런 말을 했습니다.
"나는 다시 젊은 날로 돌아가고 싶지 않다."
매일매일 도전과 피나는 연습으로 완성되어 가고 있는 자신의 몸이 너무 좋고 20년 후의 강수진이 너무 기대된다면서요.
우리 회사도 그런 것 같습니다. 여러분이 매일 도전하고 때로는 깨지기도 하면서 만들어낸 지금의 우리 모습이 너무 좋습니다.
20년 후 더 멋지게 완성되어 있을 우리의 모습이 너무 기대됩니다. 도전과 열정을 가진 여러분이 없었다면 오늘도 없었을 것입니다.
다 같이 잔을 들고 오늘 같은 날 자화자찬 한번 해봅시다. 제가 '우리는'이라고 외치면 다 같이 '멋지다'라고 합창해주시기 바랍니다.

우리는 멋지다

• • •

축사를 겸해서 더 길게 해야 할 경우는 강수진의 사례 뒤에 회사의 도전 사례를 감동 있는 스토리로 만들어 삽입하면 더욱 좋다.

신화를 만들자 ::창립기념식

10년 전, 사람들은 우리가 그 계약을 따낼 수 없을 거라고 했습니다. 하지만 우리는 해냈습니다. 5년 전, 사람들은 우리가 신제품 개발에 실패할 거라고 했습니다. 그러나 우리는 해냈습니다. 모두가 안 된다고 말했지만 우리는 언제나 새로운 기적을 일궈냈습니다.

오늘 창립 10주년은 불가능을 가능으로 바꿔낸 도전의 역사이자 창조의 역사입니다. 앞으로도 새로운 신화를 만들어가자는 의미로 여러분께 건배를 제의합니다.

제가 '신화를'이라고 외치면 여러분은 '만들자'라고 크게 외쳐주시기 바랍니다.

신화를 만들자

• • •

도전과 성공의 역사적 사건은 3가지 정도로 순차적 소개를 해준다. 창립 초기부터 현재까지를 한눈에 보여주는 사건이면 더 좋다.

그대가 새순이다 ::임원 이임식

법정스님의 법문에 이런 말씀이 있습니다.
"마지막까지 가지에 매달린 잎새가 참으로 보기 민망하구나. 네가 떨어지고 나면 새순이 나는 걸 어찌 모르느냐."
저는 법정스님의 이 말씀이 저와 여러분에게 큰 의미가 있다고 생각합니다. 저는 이제 편안한 마음으로 짐을 내려놓겠습니다. 여러분은 멋진 새순이 되어서 성장해주십시오. 앞으로도 여러분이 제 뒤를 이어 우리 회사의 희망이 되리라 믿습니다.
제가 '그대가'라고 외치면 여러분은 '새순이다'라고 외쳐주시기 바랍니다.

그대가 새순이다

• • •
퇴임하는 사람의 품격을 높여주는 건배사다. 여유 있는 표정으로 배려 깊게 말해보자.

○○(회사 이름) 미래로 ::준공식

이 건물은 아무데서나 볼 수 있는 흔한 건물이 아닙니다. 벽돌 한 장 한 장마다 소중한 의미가 담겨 있거든요.
첫째, 아무리 큰 시련이 와도 오뚜기처럼 일어난 사장님의 근성이 담겨 있습니다.
둘째, 회사가 어려울 때마다 두 팔을 걷어붙인 임직원들의 피와 땀이 담겨 있습니다.
셋째, 항상 지지하고 응원해준 고객들의 믿음이 담겨 있습니다.
이런 소중한 벽돌들이 하나하나 쌓여 지금의 멋진 건물을 세울 수 있었다고 생각합니다. 앞으로도 이 벽돌들이 든든한 버팀목이 되어 더 큰 성장을 이루길 기원합니다.
제가 '○○(회사 이름)'라고 외치면 모두 '미래로'라고 합창해주시기 바랍니다.

○○(회사 이름) 미래로

• • •

축사 겸 건배사로 활용할 수 있다. 자신이 알고 있는 감동적인 이야기를 짧게 보태면 더 효과적이다.

::신제품 발표회

AA(회사 이름)의 ○○(제품 이름), 한국의 ○○, 세계의 ○○

이 세상에 뛰어난 제품은 많습니다. 하지만 위대한 제품은 흔치 않습니다. 왜 그럴까요? 위대한 제품은 고객에 의해 탄생하기 때문입니다. 오늘 우리는 고객 여러분 앞에 새로운 제품을 내놓습니다. 이 제품이 고객을 위대하게 만들어주고 또 위대한 제품이 될 수 있도록 다 같이 힘을 모아주시기 바랍니다.

지금부터 다 같이 'AA(회사 이름)의 ○○(제품 이름), 한국의 ○○, 세계의 ○○'이라고 외쳐보겠습니다. 제가 운을 띄우면 여러분은 크게 '○○(제품 이름)'을 세 번 외쳐주시면 됩니다. 연습 필요 없겠죠? 시작합니다.

AA(회사 이름)의 ○○(제품 이름)

한국의 ○○ 세계의 ○○

• • •

청중이 신제품 이름을 힘차게 외치도록 만드는 것이 핵심이다. 자신을 응원단장이라고 생각하고 선창할 때 '회사 이름' '한국' '세계'라는 세 단어를 힘 있게 외치자.

친구도,
잔 돌림도,
건배도,
다 귀찮다.
오늘은 혼자 마시고 싶다.

우리가 간다 ::목표달성 기념행사

길이 없었습니다. 가는 곳마다 가시덤불이 무성했고 웅덩이가 가로막았습니다. 하지만 맨손으로 가시덤불을 걷어내고 맨발로 웅덩이를 건너왔습니다. 그리고 저는 우리가 걸어가면 길이 된다는 사실을 깨달았습니다.

오늘 우리의 성공은 모든 직원들의 열정과 도전 때문입니다. 우리가 가는 길은 희망뿐입니다. 다 같이 우리의 미래를 향해 외칩시다. 제가 '우리가'라고 말하면 다 같이 '간다'라고 외쳐주세요.

우리가 간다

• • •

'우리가 걸어가면 길이 된다'는 말 뒤에 '100만 달러 수출 달성'이나 '100만 대 판매 달성' 등 구체적인 성과를 강조하면 더 효과적이다.

우리는 강하다 ::합작 축하연

1 플러스 1은 2죠. 그런데 둘이 만나 10이 되는 방법이 있습니다. 뭔지 아세요? 그건 바로 가장 반대의 성질을 가진 둘이 만나는 겁니다. 시멘트 혼자서는 그냥 가루죠. 그런데 물을 만나면 어떻게 됩니까. 절대 부서지지 않는 콘크리트가 됩니다.

오늘 이 자리에 모인 우리도 물과 시멘트가 아닐까요? 서로 너무 다르기 때문에 앞으로 더 강한 힘과 새로운 가능성을 만들어갈 수 있으니까요.

그런 의미에서 다 같이 우리의 힘을 외쳐봅시다. 제가 '우리는' 하면 모두 '강하다'라고 합창해주시기 바랍니다.

우리는 강하다

...

물과 시멘트가 콘크리트가 되면 더욱 강해진다는 논리를 착실히 설득하는 게 포인트다.

비전을 향해 앞으로 ::비전 선포식

여러분은 바닷가에 서면 무엇이 보이십니까? 꿈이 없는 사람은 바다가 보인다고 합니다. 그러나 꿈이 있는 사람은 바다 건너 대륙을 봅니다. 우리의 비전은 바다 너머 먼 대륙을 향해 있습니다. 우리의 원대한 비전만큼 여러분도 개인의 비전을 원대하게 갖고 회사와 함께 큰 꿈을 펼쳐가도록 합시다.
제가 '비전을 향해'라고 선창하면 다 함께 '앞으로'라고 외쳐주시기 바랍니다.

비전을 향해 앞으로

• • •
구체적인 비전 슬로건을 선후창으로 활용하면 더 좋다.

우리가 스타다 ::컨퍼런스/포럼

축구선수 박지성, 다들 아시죠? 그가 기자와의 인터뷰에서 이런 말을 했습니다.

"저는 칭찬이나 야유에는 신경 쓰지 않습니다. 저는 제가 가장 좋아하는 축구를 선택했고 앞으로도 가장 좋아하는 축구를 할 뿐입니다."

한 번의 성공에 으쓱하고 한 번의 실패에 좌절하면 프로가 아닙니다. 외부의 평가가 아니라 자기 자신의 혹독한 평가와 싸워 이길 때 비로소 스타플레이어가 될 수 있습니다.

우리 모두 진정한 스타플레이어가 되자는 의미에서 제가 '우리가'라고 외치면 '스타다'라고 합창해주시기 바랍니다.

우리가 스타다

• • •

프로나 스타의 인터뷰는 이것 이외에도 무수히 많다. 평소 신문 기사를 스크랩해서 인용해보자.

함께 가자 ::신입사원 환영식

제가 좋아하는 명언이 하나 있습니다.
"빨리 가려면 혼자 가고 멀리 가려면 함께 가라."
혼자 가는 길은 처음에는 빠를 것 같지만 꼭 막다른 곳에서 멈추게 되더군요.
저는 짧지 않은 이 길을 신입사원 여러분과 오래도록 가고 싶습니다. 그런 의미에서 자신의 왼손을 뻗어 자기 옆에 있는 동료의 어깨에 올려주십시오. 그리고 오른손으로 잔을 들어주십시오.
이제부터 제가 '함께'라고 하면 여러분은 '가자'라고 외쳐주시면 됩니다.
그럼 시작합니다.

함께 가자

• • •
서로 어깨동무를 하고 잔을 부딪치게 하는 퍼포먼스를 잘 연출해야 재미있는 건배사가 된다.

술은 입으로 흘러들고
사랑은 눈으로 든다
우리가 늙어서 죽기 전에
알아야 할 진실은 이것뿐
나는 술잔을 입에 대고
그대를 바라보며 한숨짓노라

-윌리엄 예이츠 「술의 노래」

꽃피우고 열매 맺자 ::승진 축하연

직장생활에서 승진처럼 신나는 일이 없습니다. 승진은 직장생활의 꽃이죠. 오늘 그 꽃을 피운 승진하신 모든 분들에게 마음 깊이 축하를 드립니다.

이제 꽃을 피우셨으니 앞으로 더 큰 열매를 맺으시길 바랍니다. 그리고 앞으로 더 많은 후배들이 더 많은 꽃을 피울 수 있도록 든든한 버팀목이 되어주시기 바랍니다.

제가 '꽃피우고'라고 선창하면 여러분이 '열매 맺자'라고 화답해주십시오.

꽃피우고 열매 맺자

• • •

승진한 사람의 이름을 호명해주는 것도 좋다. 이름만 부를 것이 아니라 '1년의 반을 해외에서 지낸 ○○○차장님' 식으로 표현 어구를 넣어서 불러보자.

우리는 슈퍼맨 :: 기타

여러분, 크리스토퍼 리브라는 배우를 아십니까? 가슴에 에스S자를 새기고 붉은 망토를 휘날리며 하늘을 날았던 영화 「슈퍼맨」의 주인공입니다. 영화 속에서 그는 어려움에 처한 사람들을 도와주는 슈퍼맨이었습니다.

그러나 너무 안타깝게도 현실에서의 그는 말에서 떨어져 전신마비가 됩니다. 그는 더 이상 슈퍼맨일 수 없었습니다. 그러나 그는 전신마비라는 엄청난 절망을 딛고 일어나 영화 속의 슈퍼맨보다 더 멋진 슈퍼맨으로 살다 갔습니다.

그 기적의 힘이 무엇이었을까요? 바로 긍정의 힘이었습니다. 우리도 어떤 상황에 처해 있건 우리 안의 긍정의 힘을 꺼내 쓸 수 있다면 언제든 슈퍼맨이 될 수 있습니다. 긍정의 힘으로 멋진 슈퍼맨이 되어 세상을 향해 날아가 봅시다.

제가 '우리는'이라고 외치면 잔을 힘차게 치켜들면서 '슈퍼맨'이라고 외쳐 주시기 바랍니다.

우리는 슈퍼맨

• • •

슈퍼맨 크리스토퍼 리브의 스토리를 잘 숙지한 후 이야기하듯 자연스럽게 말해보자.

자랑스런 한국, 다이내믹 코리아

:: 기타

여러분은 해외에 나갈 때 무엇을 챙겨갑니까? 많은 사람들이 고추장, 김치, 김을 필수적으로 챙겨서 떠납니다. 그런데 바람의 딸 한비야 씨는 해외에 나갈 때 다른 세 가지를 꼭 챙겨간다고 합니다. 바로 태극기, 전통 엽서, 단소입니다.

그녀는 외국인을 만날 때마다 이것들을 꺼내놓고 한국을 자랑한다고 합니다. 외국인의 이름을 한글로 써서 선물을 하면 다들 신기해한다고 합니다. 내가 나고 자란 나라에 대한 자부심만큼 중요한 것은 없습니다.

제가 '자랑스런 한국'이라고 외치면 다 함께 '다이내믹 코리아'라고 외쳐 주세요.

자랑스런 한국 다이내믹 코리아

• • •

해외로 진출하는 단체 출정식이나 해외 견학 등 한국인의 자부심을 강조해야 하는 모임에서 활용해보자.

회식

변화를 즐기자

우리는 된다

빈틈을 채워주자

끝까지 가보자

밝게 신나게

저스트 두 잇

우리는 명감독

마음을 훔치자

변화를 즐기자 ::회식

아침에 눈 뜨자마자 회사 오기 싫죠? 시도 때도 없이 무작정 떠나고 싶어지죠? 이게 요즘 유행하는 '직장인 사춘기 증후군'이라고 하네요. 사춘기가 뭡니까. 성장의 다른 이름 아닙니까?
지금 많이 힘든 줄 압니다. 하지만 우리도 자신의 성장을 위해 지금의 불만과 무력감을 잘 이겨내봅시다.
그런 의미에서 제가 '변화를'이라고 외치면 다 함께 '즐기자'를 외쳐봅시다.

변화를 즐기자

...
후배 사원과의 회식에서 선배의 건배사로 활용하자. 후배의 애로사항을 추가해보면 좋다.

우리는 된다 ::회식

사람들이 저한테 늘 했던 얘기가 있습니다.
"팀장님은 참 복 받은 사람이에요. 어쩌면 팀원들 얼굴이 저렇게 밝아요? 어쩌면 다들 자기가 팀장인 양 알아서 일해요? 어쩌면 정말 그렇게들 열정적으로 일해요?"
저는 그 얘기를 들을 때마다 우리 팀원들이 참 대단하다는 생각을 했습니다. 이번 프로젝트에서도 우리 팀이 성공하는 걸 보고 역시 우리는 뭘 해도 된다는 확신이 생기더라고요.
자, 우리의 확신을 함께 외쳐봅시다. 제가 '우리는'이라고 외치면 여러분은 '된다'라고 합창해주세요.

우리는 된다

• • •
따옴표 안의 말을 최대한 친구의 말투 그대로 표현해보자. 평소 주변 사람들에게 들었던 칭찬이나 덕담을 활용해보자.

빈틈을 채워주자 ::회식

저는 참 빈틈이 많은 사람입니다. 실수도 많고 경험도 부족하죠. 그러나 저는 제 빈틈이 제 자산입니다. 가만히 보니까 제 빈틈을 사람들이 참 좋아하더라고요.
어떤 분은 불쌍하다고 채워주고 어떤 분은 착하다고 채워주고 또 어떤 분들은 인간적이라며 제 빈틈을 채워주더라고요. 옆에 앉아 있는 동료를 한번 봐주십시오. 빈틈이 보이지 않습니까?
우리 모두 좋은 사람들입니다. 서로 조금씩만 채워줍시다. 제가 '빈틈을'이라고 외치면 여러분은 '채워주자'라고 외쳐주세요.

빈틈을 채워주자

• • •
이 건배사는 나 혼자 말하는 게 아니라 청중도 함께 움직이게 만드는 것이 포인트다. 서로를 쳐다보게 하는 퍼포먼스를 잘 연출해야 재미있다.

부장님은 늘 말했다.
"야, 소주에 곰장어 어때?"
이유를 막론하고 따라 나섰다.
이제는 내가 부장.
"오늘 술 한 잔 어때?"
"부장님, 그런 건 2주 전에 컨펌하셨어야죠."
쩝~~
혼자 마셨다.

끝까지 가보자 ::회식

개구리 두 마리가 우유 통에 빠졌습니다. 한 마리는 우유 속에 그대로 빠져 죽었는데 다른 개구리는 무사히 빠져나왔습니다.
과연 어떻게 살아난 걸까요? 포기하지 않고 끝까지 헤엄을 쳤더니 우유가 딱딱한 버터가 됐다고 합니다.
성공과 실패는 포기하느냐, 끝까지 가느냐에 달려 있습니다. 이번 프로젝트, 끝까지 성공시킵시다.
제가 '끝까지'를 외치면 여러분은 '가보자'라고 외쳐주시기 바랍니다.

끝까지 가보자

• • •

최대한 능청스럽게 얘기해야 사람들의 호응을 이끌어낼 수 있다.

밝게 신나게 ::회식

러시아의 냉동 창고에서 인부 한 명이 얼어 죽은 채로 발견됐습니다. 그런데 그 냉동 창고는 고장이 난 상태라서 전혀 춥지 않았다고 합니다. 인부를 죽인 건 차가운 온도가 아니라 곧 죽을 거라는 생각이었던 거죠. 부정적인 생각이 사람을 죽인 겁니다. 생각이 인생을 바꿉니다.
여러분, 우리는 항상 밝고 긍정적으로 생각합시다. 제가 '밝게'라고 외치면 다 함께 '신나게'라고 말해주세요.

밝게 신나게

• • •
긍정적인 발상을 유도하는 다양한 에피소드를 활용해보자.

저스트 두 잇 ::회식

인간은 반세기 전만 해도 1마일을 달리는데 4분 장벽을 넘지 못했다고 합니다. 당시 의사들은 사람이 1마일을 4분 안에 달리면 폐와 심장이 파열된다고 믿었습니다.

하지만 1945년 로저 베니스트라는 육상선수가 4분 벽을 깼습니다. 1마일을 3분 59초 만에 달린 겁니다.

그러자 한 달 만에 무려 10명의 선수가 4분 벽을 깼고 1년 후에는 37명이나 그 벽을 넘었습니다. 4분 벽은 인간의 육체적 장벽이 아니라 심리적 장벽이었던 겁니다.

불가능은 우리 마음속에만 있을 뿐입니다. 포기하지 말고 일단 부딪쳐봅시다. 그런 의미에서 제가 '저스트'라고 외치면 여러분은 큰 목소리로 '두 잇'이라고 화답해주십시오.

저스트 두 잇

• • •

해박한 에피소드의 지식을 뽐낼 수 있다. 숫자를 정확히 외워두자.

우리는 명감독 ::회식

여러분, 축구계의 명감독 하면 누가 떠오르십니까? 단연 히딩크 감독이죠. 그런데 명감독치고 명선수였던 사람이 없습니다. 히딩크 감독도 선수 시절에는 무명이나 마찬가지였어요.

그런데 어떻게 명감독이 됐을까요? 선수 시절 슬럼프를 하도 많이 겪어서 슬럼프에 빠진 선수들을 어떻게 이끌면 되는지 알았던 겁니다.

여러분도 지금 이 자리까지 오면서 수많은 좌절과 실패를 경험했을 겁니다. 그것만으로도 이미 우리 직원들을 명선수로 키워낼 충분한 자격과 능력이 있습니다.

우리 모두 히딩크 못지않은 명감독이 되길 바라며 제가 '우리는'을 외치면 여러분은 '명감독'이라고 외쳐주십시오.

우리는 명감독

• • •

리더 급의 회식에서 리더십의 의미를 되새길 때 활용해보자.

마음을 훔치자 ::회식

좀도둑은 남의 물건을 훔치고 큰 도둑은 남의 마음을 훔친다는 얘기가 있습니다.
저는 우리 직원들이 모두 큰 도둑이 되길 바랍니다. 고객의 마음을 훔치고, 대한민국의 마음을 훔치고, 더 나아가 전 세계의 마음을 훔치는 최고의 도둑 말입니다. 그러면 저도 언젠가는 세계 최고의 도둑 왕초가 될 수 있지 않겠습니까?
큰 도둑이 되자고 다짐하며 제가 '마음을'이라고 외치면 여러분은 '훔치자'라고 크게 외쳐주시기 바랍니다.

마음을 훔치자

• • •
고객을 직접 상대하는 직원들을 대상으로 사기를 올려주고 싶을 때 외쳐주자.

이벤트 회식

마음껏 누려라

널 만나 행복했다

이사님 존경합니다

난 네 거야 넌 내 거야

넉넉하게 품자

열정을 충전하자

마음껏 누려라 ::후배 환영회

7년 만에 제 밑에 후배가 들어왔습니다. 솔직히 그동안 막내라서 불편한 점이 많다고 생각했습니다.
그런데 막상 막내 자리를 물려주려니 아쉬운 게 한두 가지가 아니네요. 실수해도 선배들이 귀엽다고 봐주죠, 회식 끝나면 택시비 받죠. 제 돈 내고 밥 먹은 적도 없습니다.
새로 들어온 우리 팀 막내 혜정 씨! 저의 뒤를 이어 막내의 특권을 마음껏 누리세요. 제가 '마음껏'이라고 외치면 '누려라'라고 모두가 외쳐주시면 좋겠습니다.

마음껏 누려라

• • •
후배에 대한 애정을 듬뿍 담아 능청스레 너스레 떨 듯 말해보자.

널 만나 행복했다 ::후배 송별회

홍 대리, 기억해요? 첫 출근하던 날 자판기 커피 뽑아서 돌렸잖아요. 열심히 일하겠다며 90도 인사도 했잖아요. 그랬던 홍 대리가 우리 회사에서 일한 지도 벌써 7년이 됐네요.
저는 잊지 못할 겁니다. 몇 달 전 제가 프로젝트에 실패하고 속상해서 혼자 옥상에 있을 때 또 자판기 커피 뽑아서 들고 왔잖아요.
사람 좋은 홍 대리, 따뜻한 홍 대리를 우리는 끝까지 응원할 겁니다. 제가 '널 만나'라고 외치면 여러분은 '행복했다'를 외쳐주시기 바랍니다.

널 만나 행복했다

• • •

그 사람을 대표할 만한 물건이나 독특한 행동을 찾아서 활용해보자. 모두가 공감할 수 있는 것일수록 유쾌한 분위기를 연출할 수 있다.

이사님 존경합니다 ::임원 환송회

옛말에 이런 말이 있죠.
"용장은 지장만 못하고 지장은 덕장만 못하다."
오늘 우리 곁을 떠나는 홍길동 이사님은 일도 잘하고 놀기도 잘하는 멋쟁이 덕장이셨습니다. 노래방에서의 그 호랑나비 춤은 앞으로도 당해낼 사람이 없을 겁니다.
이렇게 멋진 덕장을 가까이에서 5년간 모실 수 있어서 참 행운이었습니다. 우리 모두의 덕장, 홍길동 이사님을 위해 제가 '이사님'이라고 외치면 함께 '존경합니다'라고 화답해주시기 바랍니다.

이사님 존경합니다

• • •
오랫동안 함께 일했던 선배나 상사의 직함으로 바꿔서 활용해보자.

난 네 거야 넌 내 거야 ::신입사원 워크숍

처음 보는 얼굴들이 많죠? 낯설고 서먹하다고 생각하는 분들도 있을 겁니다. 그런데 여러분도 연애를 많이 해봐서 아실 겁니다. 사람이 누군가와 사랑을 하고 싶을 때 가장 빠르고 좋은 방법이 뭔지 아십니까? 나를 그냥 그 사람에게 주는 겁니다.
여러분도 누군가와 빨리 친해지고 싶다면 먼저 마음을 주세요. 그렇게 서로가 마음을 열고 뜨겁게 직장생활을 시작합시다. 제가 '난 네 거야'를 외치면 여러분은 '넌 내 거야'를 외쳐주시기 바랍니다.

난 네 거야 넌 내 거야

• • •
선창을 '난' 하고 외치면 합창을 '네 거야' '넌' 하고 외치면 '내 거야'로도 사용할 수 있다.

넉넉하게 품자 ::임원 워크숍

물이 지나치게 맑으면 고기가 없다고 합니다. 사람도 지나치게 까다로우면 주변에 사람이 없습니다.
적당히 빈틈도 있고 허점도 있어야 사람이 모이고 일이 더 잘되는 법입니다. 사람을 품을 줄 아는 넉넉한 사람이 됩시다.
제가 '넉넉하게'라고 외치면 여러분은 '품자'라고 소리쳐주세요.

넉넉하게 품자

• • •
직급이 있는 리더, 연배가 있는 모임에서 언제든 활용할 수 있는 다용도 건배사다.

35
30
25
23
22
21
20
19.8
16.9
…
소주는 왜 자꾸만 순해지는 거냐.
오늘도 여직원들이 외친다.

"원샷!"

열정을 충전하자 ::체육대회

자 여러분, 이제부터 자신을 배터리라고 생각하십시오. 그리고 그동안 형광등 아래서 방전됐던 체력을 여기 작열하는 태양 에너지로 가득 채우십시오. 동료들과 몸을 부딪치며 뜨거운 열정을 충전하십시오. 가장 힘센 에너자이저로 변신하십시오. 제가 '열정을'이라고 외치면 다 함께 '충전하자'라고 외쳐봅시다.

열정을 충전하자

• • •

술잔이 없다면 같은 팀끼리 손을 모으는 퍼포먼스를 연출해보자.

송년/신년

사랑이여 건배

오늘이 행복이다

사랑하자 화해하자

덤벼라 담배야

아내의 바가지는 순정이다

새 술은 새 부대에

사랑이여 건배 ::송년회

연말이 되면 늘 마음 한구석에 아쉬움이 남습니다. 저는 겨울이 되면 따뜻한 시 한 편을 읽고 싶다는 생각이 문득 들어요. 얼마 전에 읽은 시에 이런 구절이 있더군요.
'사랑이여 건배하자. 추락하는 모든 것들과 꽃피는 모든 것들을 위해 건배.'
올 한 해 추락한 것들과 꽃이 핀 모든 것들을 위해서 우리 건배합시다. 이 모든 것을 함께 보듬어갑시다.
제가 '사랑이여'라고 외치면 여러분은 잔을 들어 '건배'라고 화답해주십시오.

사랑이여 건배

• • •
품격 있는 자리에서 멋진 시 구절을 활용하자. 간결한 구호도 시 구절에서 뽑아서 쓰면 된다.

오늘이 행복이다 ::송년회

어릴 적에 네 잎 클로버를 찾아서 잔디밭을 들쑤시고 다닌 경험, 다들 있으시죠? 네 잎 클로버의 꽃말이 '행운'이라는 건 다들 알고 계실 겁니다.

그런데 우리가 그렇게 하찮게 여겼던 세 잎 클로버에도 꽃말이 있다는 걸 알고 계십니까? 바로 '행복'입니다. 우리는 그동안 수많은 행복을 무시한 채 행운만을 찾아 헤맨 거죠.

다가오는 새해에는 멀리 있는 행운을 찾기보다 가까이에 있는 행복을 볼 수 있는 지혜로운 한 해가 되길 바랍니다.

제가 '오늘이'를 외치면 다 함께 '행복이다'라고 외쳐주시기 바랍니다.

오늘이 행복이다

• • •

소박하면서도 겸손이 돋보이는 건배사다.

사랑하자 화해하자 ::송년회

김수환 추기경이 살아생전에 가장 많이 했던 말이 뭔지 아세요?
"사랑하세요." "화해하세요."
두 마디예요. 사랑하라는 말은 다 알죠. 그럼 화해하라는 말은 무슨 뜻일까요? 현재의 성공이 모두 불화한 것이라는 겁니다. 이 세상의 모든 1등은 2, 3등의 자리를 빼앗은 거고 내가 부자가 된 건 누군가가 내게 돈을 썼기 때문입니다.
내가 하나를 얻으면 누군가는 하나를 잃어버린다는 겁니다. 이것이 바로 우리가 화해해야 하는 이유입니다.
그럼 화해하는 방법이 뭔지 아십니까? 나눔의 삶을 사는 것입니다. 나누고 살 때 우리는 화해할 수 있고 나누고 살 때 우리는 품격 있는 인생을 살 수 있습니다.
제가 '사랑하자'라고 외치면 여러분은 '화해하자'라고 화답해주세요.

사랑하자 화해하자

...
요즘 많은 송년회가 '기부 행사'를 겸하고 있다. 기부 행사에서 활용할 경우 최고의 건배사가 될 수 있다.

한 잔은 떠나버린 너를 위하여
또 한 잔은 이미 초라해진 나를 위하여
그리고 마지막 한 잔은
미리 알고 정하신 하나님을 위하여

-조지훈 「사모」 중에서

덤벼라 담배야 ::신년회

세계적인 발레리나 강수진 씨는 늘 싸운다고 합니다. 바로 자기 자신과요. 얼마 전 한 인터뷰에서 강수진 씨가 이렇게 말하더군요.

"저는 다른 사람과 경쟁해본 적이 없습니다. 매일 제 자신의 목표와 싸울 뿐입니다."

역시 세계적인 사람은 뭐가 달라도 다릅니다.

그래서 저도 올해 제 자신의 목표와 싸우기로 했습니다. 오늘 이 자리에서 제 싸움 상대를 공개합니다. 바로 담배입니다. 담배와 싸워 기필코 이길 작정입니다.

여러분이 제게 힘을 보태주십시오. 제가 '덤벼라'라고 말하면 여러분은 '담배야'라고 합창해주십시오.

덤벼라 담배야

• • •

싸움 상대는 술, 공부, 운동, 다이어트, 결혼처럼 구체적이고 현실적인 것을 고르자. 그래야 사람들이 공감할 수 있고 호응도 이끌어낼 수 있다.

아내의 바가지는 순정이다 ::신년회

얼마 전에 트위터의 황제 이외수 작가가 재미있는 트윗을 남겼습니다.
'이제 나이가 드니 알겠다. 여자의 모든 변덕은 사랑해달라는 말이라는 것을.'
여러분 동감하십니까? 아내의 잔소리가 바가지로 들리면 여러분은 아직도 철이 덜 든 것이고 순정으로 들리면 드디어 철이 든 것입니다.
우리 새해엔 남자들이 철 좀 들자는 의미에서 제가 '아내의 바가지는'이라고 외치면 여러분은 '순정이다'라고 외쳐주시기 바랍니다.

아내의 바가지는 순정이다

• • •
송년, 신년 모임은 부부 동반으로 할 경우가 많다. 아내들을 배려한 건배사는 여성들로부터 최고의 인기를 얻어낼 것이다.

새 술은 새 부대에 ::신년회

살다 보면 종종 실수를 할 때가 있죠. 올 한 해도 실수 꽤나 할 법합니다. 모두가 다 그럴 겁니다.
그런데 실수를 만회할 수 있는 방법이 있습니다. 바로 실수를 인정하는 거랍니다. 올 한 해 제가 인정할 최고의 실수는 가족과 함께 보낸 시간이 너무나 적었다는 겁니다.
네, 인정합니다. 그래도 실수를 인정하는 순간 다시 시작할 수 있지 않겠습니까? 새해에는 새 마음으로 삽시다. 그런 의미에서 제가 '새 술은'이라고 외치면 여러분은 '새 부대에'라고 외쳐주시기 바랍니다.

새 술은 새 부대에

• • •

가족에게 소홀했다거나 건강관리를 잘하지 못했다거나 돈을 심하게 낭비했다는 식으로 자신이 했던 실수 가운데 가장 되돌리고 싶은 것 한 가지를 떠올려보자.

커뮤니티

내 번호를 눌러줘

30년을 한결같이

눈도 좋다 목청도 좋다 표정도 좋다

우리는 복 터졌네

막걸리처럼 익어가자

마음을 나르자

술에 취하자 우정에 취하자

내 번호를 눌러줘 ::동문회

지금으로부터 20년 전에 제가 큰 빚을 진 적이 있었습니다. 남의 물건을 잃어버려서 갚아줘야 할 상황이 된 겁니다. 그게 500만 원이었습니다. 얼마나 큰돈이었겠습니까.

제가 궁지에 몰리자 저와 절친했던 선배가 주위 사람들에게 알려서 십시일반 돈을 모아 제게 500만 원을 건네줬습니다.

전 지금도 그때의 은혜를 잊지 못합니다. 그때 제가 받은 것은 돈이 아니었습니다. 따뜻한 마음이었습니다. 그 선배들이 없었다면 지금의 저도 없었을 겁니다.

이제 어느덧 제가 선배 자리에 왔습니다. 이제 선배 노릇 좀 해보고 싶은데 먼저 전화 거는 후배가 없네요. 언제든지 밥 사달라, 술 사달라 연락하세요. 무조건 달려나가겠습니다.

제가 '내 번호를'이라고 외치면 모두 '눌러줘'라고 외쳐주세요.

내 번호를 눌러줘

• • •

학창시절 선배에게 받았던 도움이나 선배와 얽힌 잊지 못할 사건 등을 풀어내보자. 건배사 이후 휴대폰 번호를 불러주는 센스는 그 자리를 더욱 즐겁게 만들 수 있다.

30년을 한결같이 ::동창회

소리를 잘하는 사람을 명창이라고 합니다. 그런데 명창은 항상 옆에 귀명창을 둔답니다. 귀명창의 역할은 명창의 소리가 좋았는지, 어떻게 해야 더 좋은 소리를 낼 수 있는지 조언을 해주는 겁니다.

제 인생에도 이런 귀명창 같은 친구들이 있습니다. 바로 여러분이죠. 저에 대해서 잘됐다, 잘못됐다, 가끔은 따끔한 충고를 해줄 수 있는 친구는 동창들밖에 없습니다. 30년을 한결같이 함께 가는 우리가 너무나 자랑스럽습니다.

우리의 소중함을 한결같이 지켜가자는 의미에서 다 같이 건배합시다. 제가 '30년을'이라고 외치면 여러분은 '한결같이'라고 외쳐주세요.

30년을 한결같이

• • •

명창과 귀명창의 감동스런 관계를 잘 설명해주는 것이 핵심이다.

눈도 좋다 목청도 좋다 표정도 좋다 ::골프 모임

골프를 잘 치려면 네 가지가 필요합니다. 어드레스, 백스윙, 임팩트, 피니시. 이 네 박자가 잘 맞아야 가장 좋은 스윙이 나옵니다.
그런데 제가 아는 한 지인에게는 세 가지가 더 있습니다. 눈이 좋고 목청이 좋고 표정이 좋습니다. 귀신같이 제가 친 공을 봅니다. 그리고 어김없이 굿샷을 외쳐줍니다. 평소의 과묵함은 어디로 가고 늘 싱글벙글 웃어줍니다.
그래서일까요? 은퇴하고 70세를 훌쩍 넘긴 지금도 그의 곁엔 늘 사람들이 북적입니다. 역시 골프의 매력은 기술이 아니라 사람인 것 같습니다.
우리도 그분처럼 눈도 목청도 표정도 좋은 사람이 됩시다.
제가 '눈도' '목청도' '표정도'라고 외치면 여러분은 그때마다 '좋다'를 합창해주시기 바랍니다.

눈도 좋다 목청도 좋다 표정도 좋다

• • •
좋다를 외칠 때 리듬을 넣어서 추임새처럼 하도록 유도하자.

옛날 아버지들이 그립다.
외상술 받아오라고 하면
어머니는 잔소리를 하면서도 늘 주전자를 들고 나가셨다.
이제 그런 아내들은 더 이상 없다

우리는 복 터졌네 ::뒤풀이

우리는 복 터진 사람들인 것 같습니다. 세 끼 밥 걱정 없죠. 직장 있죠. 사랑하는 가족 있죠. 그리고 든든한 친구까지 있지 않습니까? 게다가 우리 앞에 놓인 한 잔 술까지 우리를 반겨주니 더 바랄 게 있겠습니까? 우리는 정말 복 터진 사람들입니다. 제가 '우리는'이라고 하면 여러분은 '복 터졌네'라고 화답해주세요.

우리는 복 터졌네

• • •

지인들과의 뒤풀이나 모임 등에서 장소와 대상을 불문하고 어울리는 건배사다.

막걸리처럼 익어가자 ::뒤풀이

막걸리가 어떻게 만들어지는지 아십니까? 어렸을 때 우리집 옆이 양조장이었는데요, 만드는 걸 보니까 누룩, 고두밥, 효모, 물, 이렇게 들어가더라고요. 이게 며칠이 지나면 점차 발효가 됩니다. 발효가 완성되면 뿌연 막걸리로 변신하죠.

여기 모인 우리도 사실 막걸리 같은 사람들입니다. 각자 사는 모습도 다르고 생긴 것도 다르고 직업도 다르지만, 서서히 하나가 되어가고 있습니다. 서로 술잔에 마음을 담아 막걸리처럼 하나가 됐으면 좋겠습니다.

그런 의미에서 제가 '막걸리처럼'이라고 외치면 여러분은 '익어가자'라고 소리쳐주시기 바랍니다.

막걸리처럼 익어가자

• • •

막걸리가 대세인 요즘, 막걸리를 주제로 한 건배사 한 개쯤은 준비해두자.

마음을 나르자 ::뒤풀이

술은 우리의 마음입니다. 술잔은 우리의 마음을 실어 나르는 황금 마차입니다. 자, 오늘 우리 마음껏 마시고 취하며 서로의 마음을 듬뿍 실어 나릅시다.
제가 '마음을'이라고 외치면 다 함께 '나르자'라고 외쳐주세요.

마음을 나르자

• • •
술잔에 실어 나를 재료도 준비해 말하면 더욱 좋다. '우정' '믿음' 등을 나르자고 외쳐도 좋다.

술에 대한 남자의 뻥.
"젊은 시절 5박 6일 밤새고 먹었다."
"소주 뚜껑으로 방 두 바퀴 돌렸다."

술에 취하자 우정에 취하자 ::뒤풀이

오늘 저는 너무 행복합니다. 왜인 줄 아세요? 제가 좋아하는 게 한꺼번에 다 이 자리에 있기 때문입니다. 깨끗한 소주가 있죠. 가슴까지 탁 트이는 맥주도 있죠. 구수하고 텁텁한 막걸리도 있죠. 게다가 이 술을 닮은 나의 친구들, 바로 여러분이 함께 있기 때문입니다.
오늘 우리가 꼭 취해야 할 것이 있습니다. 술에 취합시다. 그리고 우리의 소중한 우정에 취합시다. 제가 '술에 취하자'라고 하면 여러분은 '우정에 취하자'라고 해주세요.

술에 취하자 우정에 취하자

• • •
우정을 '의리'나 '사랑' 등 다른 단어로 대체해도 좋다.

부부 모임

채워줘 OO

고마워 사랑해 잘 자 내 꿈꿔

여보 고마워

당신이 제일 예뻐

당신은 배터리

채워줘 ○○ ::부부 모임

지금부터 잔을 반만 채워주시기 바랍니다. 나머지 반은 절대 채우지 마십시오. 그 반은 여러분 앞에 있는 아내가 채워줄 겁니다. 술로 채우는 게 아닙니다. 소망으로 채우겠습니다.
지금부터 아내에게 나머지 반을 무엇으로 채우면 좋을지 물어봐주십시오. 그러면 아내는 요즘 가장 원하는 것을 얘기해주시기 바랍니다. 두 글자를 넘으면 안 됩니다. 돈? 좋습니다. 보석? 좀 부담스럽군요. 모두 생각해보셨죠? 귓속말로 살짝 얘기해주십시오. 자! 남편분들 들으셨죠?
지금부터 아내 분들은 저와 함께 '채워줘'를 외치겠습니다. 그러면 남편분들은 아내가 원하는 그 두 글자를 이 건물이 떠나가도록 크게 외쳐주시기 바랍니다. 그럼 시작하겠습니다.

채워줘 ○○

• • •
건배를 제안하는 사람은 마치 MC가 된 것처럼 사람들의 퍼포먼스를 잘 리드해야 한다. 사람들이 이 퍼포먼스를 잘 이해하고 따라할 수 있도록 단계를 잘 설명하자. 건강, 통장, 사랑 등 다양한 예시를 들어주면 좋다.

고마워 사랑해 잘 자 내 꿈꿔 ::부부 모임

여기 모인 부부들을 보니까 저도 집사람과 처음 연애하던 시절이 생각나네요. 그때는 시도 때도 없이 서로에게 말을 걸었죠.
"고마워." "사랑해." "잘 자." "내 꿈꿔."
이런 닭살 돋는 말도 술술 나왔어요.
그런데 요즘은 어떻습니까? 무소식이 희소식이죠. 일주일 가야 네 마디도 안 하는 부부도 있습니다.
여기 모인 분들만이라도 매일 가볍게 서로에게 응원가를 불러줍시다. 잔을 들고 부부끼리 마주보세요.
제가 '고마워'라고 외치면 여러분은 '사랑해', 제가 '잘 자'라고 외치면 모두 '내 꿈꿔'를 외쳐주시면 됩니다. 해볼까요?

고마워 사랑해 잘 자 내 꿈꿔

• • •

이 건배사도 마찬가지로 퍼포먼스가 핵심이다. 자신을 MC라고 생각하고 사람들이 서로 마주보는 퍼포먼스를 잘 따라하도록 분위기를 만들어보자.

여보 고마워 ::부부 모임

금실 좋은 노부부가 있었습니다. 그런데 할아버지가 간암으로 투병 생활을 시작했어요.

몇 달 후에 의사가 할머니를 불렀습니다. 오늘 가시니까 그동안 하고 싶었던 말씀을 하라고 합니다. 그러자 할머니가 할아버지를 안고 이렇게 말했습니다.

"여보, 그동안 너무 고마웠어요. 당신 덕분에 행복했어요."

그랬더니 다 죽어가던 할아버지가 간신히 한마디 하시더랍니다.

"내가 그렇게 잘했냐?"

남자가 죽는 날까지 아내에게 가장 듣고 싶은 말이 바로 '고맙다'는 말이라고 합니다.

아내 여러분, 모두 잔을 들고 이렇게 외쳐봅시다. 제가 '여보'라고 말하면 '고마워'라고 외쳐보세요.

여보 고마워

• • •

따옴표 안의 말을 최대한 친구의 말투 그대로 표현해보자. 반전이 있는 건배사다. '내가 그렇게 잘했냐?' 라는 대사를 최대한 능청스럽게 표현해보자.

당신이 제일 예뻐 ::부부 모임

여자가 죽는 날까지 가장 듣고 싶어하는 말이 뭔지 아세요?
"지금도 당신이 제일 예뻐!"
이 한마디면 모든 여자들이 감동합니다. 20대 새댁부터 70대 할머니까지 예외가 없어요.
"오늘따라 왜 이렇게 예뻐?"
이 말을 들을수록 아내는 더 예뻐집니다. 얼굴색도 밝아지고 살도 안 쪄요. 그런데 "만날 하고 다니는 꼴이 그게 뭐야? 잘 좀 입고 다녀라." 이러면 어때요? 갈수록 우울해지고 얼굴색도 칙칙해지죠.
아내가 예뻐지길 원하십니까? 그럼 이렇게 말하세요. 제가 '당신이'라고 외치면 모두 함께 '제일 예뻐'라고 외치는 겁니다.

당신이 제일 예뻐

• • •
부부동반 모임에서 점수를 따고 싶다면 이보다 더 좋은 건배사가 또 있을까?

당신은 배터리 ::부부 모임

세상에는 두 종류의 사람이 있습니다. 만나기만 하면 에너지를 충전해주는 사람과 만나기만 하면 에너지를 방전시키는 사람.
그런데 오늘 여기 와보니까 에너지를 팍팍 충전해주는 활력 있는 분들만 모이신 것 같습니다.
우리 서로에게 힘을 불어 넣어주는 배터리가 되자는 의미에서 제가 '당신은'이라고 외치면 여러분은 '배터리'라고 소리쳐주시기 바랍니다.

당신은 배터리

• • •
부부 모임뿐 아니라 서로 상생해야 하는 분위기에서 활용해보자.

친목 모임

소중한 모임 오래오래

뺑치자 세게 치자

오늘이 제일 좋다

저는 소중하니까요

행복은 타이밍

오늘을 추억으로

소중한 모임 오래오래 ::친목 모임

괴테가 이런 말을 했습니다.
"지금 네 곁에 있는 사람과 네가 자주 가는 곳과 네가 읽는 책이 너를 말해준다."
요즘 누구와 함께하십니까? 요즘 어디에 자주 가십니까? 요즘 무슨 책을 읽으십니까? 저는 한 달에 한 번 이곳에서 여러분과 만나 세상 사는 이야기를 하는 것이 참 즐겁습니다.
앞으로도 이 모임이 오래도록 우리의 삶을 풍요롭게 해주길 바랍니다. 그런 의미에서 제가 '소중한 모임'이라고 선창을 하면 여러분은 '오래오래'라고 화답해주시기 바랍니다.

소중한 모임 오래오래

• • •
다양한 친목 모임에 어울리는 만능 건배사이다.

뻥치자 세계 치자 ::친목 모임

늦은 나이에 한의대 시험에 여덟 번이나 떨어진 남자가 있었습니다. 그 남자가 부인에게 말했습니다. "걱정 마. 우리나라에서 제일 성공한 한의사가 될게."

부인이 뭐라고 했을까요? "뻥치지 마."

결국은 아홉 번째 시험에 붙어서 한의사가 되긴 됐는데 매달 적자가 났답니다. 이 남자가 말했어요. "걱정 마. 당신한테 매일 남들 월급만큼 가져다줄게."

이번에는 부인이 뭐라고 했을까요? "제발 뻥치지 마."

그런데 이 남자, 결국은 최고의 한의사가 된 것은 물론이고 매달 남들 월급만큼 돈을 가져다줬답니다. 뻥이 현실이 된 거죠. 부인은 요즘 남편에게 자꾸 묻는답니다. "혹시 뭐 뻥칠 거 없어?"

여러분 아십니까? 남편의 뻥은 아내에게 꿈입니다. 요즘 너무 기죽는 일이 많은 것 같습니다. 우리 기죽지 말고 삽시다. 제가 '뻥치자'라고 외치면 여러분은 '세계 치자'라고 말해주세요.

뻥치자 세계 치자

• • •

따옴표 안에 있는 말을 재미있고 실감나게 표현해보자. 더 효과적으로 분위기를 띄울 수 있다.

오늘이 제일 좋다 ::친목 모임

남이섬의 강우현 대표를 아십니까? 폐허로 쓰러져가던 남이섬을 세계적인 관광지로 만든 사람이죠. 그 힘이 뭐라고 생각하십니까? 바로 낙천성입니다. 이 사람 좌우명이 얼마나 웃긴지 아십니까?
“좌로 가나 우로 가나 운명이다. 그냥 딛고 넘어가라.”
참 낙천적입니다. 관광객들이 폭우가 쏟아지고 폭설이 내리면 남이섬에 전화를 한답니다.
“오늘 이렇게 폭우가 내리는데 가도 돼요?”
그러면 이렇게 답한다고 하네요.
“남이섬은 오늘이 제일 좋습니다. 폭우를 맞으면서 걸어보세요. 없던 사랑도 생깁니다.”
폭설이 내리면 이렇게 답한답니다.
“오늘이 제일 좋습니다. 눈 속을 뒹굴어보세요. 동심으로 돌아갈 겁니다.”
그래서 남이섬은 공치는 날이 없답니다. 낙천적인 생각이 오늘을 제일 좋은 날로 만듭니다. 우리도 오늘을 가장 좋은 날로 만듭시다. 제가 ‘오늘이’라고 외치면 여러분은 ‘제일 좋다’라고 외쳐주세요.

오늘이 제일 좋다

...

‘오늘이 제일 좋습니다’를 반복해서 똑같이 말해야 유머스럽다.

더러운 더치페이 세상.
누군가 외쳐주면 얼마나 좋으랴.
"오늘은 내가 쏜다!"

저는 소중하니까요 ::친목 모임

얼마 전에 이외수 작가의 책『아불류 시불류』를 읽었습니다. 무슨 뜻인지 아십니까? '내가 흐르지 않으면 시간도 흐르지 않는다'라는 뜻이죠. 내가 세상의 중심이고 세상에서 가장 소중한 존재라는 의미입니다. 세상에서 가장 소중한 사람은 바로 나 자신입니다. 우리 자신을 사랑하고 더 소중하게 생각합시다.
제가 '저는' 이라고 외치면 여러분은 '소중하니까요'라고 외쳐주세요.

저는 소중하니까요

• • •

내가 요즘 이외수 작가의 책에 심취해 있다는 걸 눈치 챘을 것이다. 각자 심취해 있는 책들 중 제목이나 마음에 남는 글들을 평소에 메모해두고 활용해보자.

행복은 타이밍 ::친목 모임

성형 의사인 친구가 있습니다. 이 사람은 성공도 했고 돈도 많이 벌었습니다. 그런데 가족과 시간을 보낼 여유가 없었습니다. 여행 한 번 같이 가본 적이 없어요.

그런데 얼마 전에 동료 의사 중 한 명이 갑자기 세상을 떠났습니다. 그래서 이 친구가 결심했답니다.

"그래, 더 늦기 전에 가족과 유럽여행을 가자."

대단한 결심이었죠. 함께 여행을 가자고 가족에게 제안했을 때 반응이 어땠을까요? 아주 시큰둥하더랍니다.

애들은 애들대로 다 커버렸고 아내는 '내가 왜 당신과?'라는 눈으로 쳐다보더랍니다. 이미 늦어버린 거죠.

죽어라 일만 하고 가족에게 인심 잃으면 뭐가 남겠습니까? 행복은 역시 타이밍입니다. 돈 좀 덜 벌더라도 행복 타이밍은 놓치지 말고 삽시다. 제가 '행복은'을 외치면 '타이밍'이라고 힘차게 소리쳐주세요.

행복은 타이밍

• • •

대한민국 남자치고 일 중독이 아닌 남자가 없다. 50대 남자들에게 의미가 담긴 메시지다.

오늘을 추억으로 ::친목 모임

나이 든 사람이 젊은 사람보다 아름다운 이유가 뭔지 아십니까? 추억의 개수가 많기 때문입니다.
우리 모임이 아름다운 이유가 무엇인지 아십니까? 10년 이상을 만나오면서 서로 추억할 것이 많기 때문입니다. 오늘 가을산행도 이제 몇 년 후면 또 아름다운 추억으로 남을 것입니다.
오늘을 멋지게 보내서 아름다운 추억으로 또 남겨봅시다. 가을의 단풍을 마음껏 즐기시기 바랍니다.
제가 '오늘을'이라고 외치면 여러분은 '추억으로'라고 소리쳐주세요.

오늘을 추억으로

• • •
가을 산행 이외에 다양한 행사나 야유회 때 활용해보자.

세대별 모임

당당하게 쫙 펴자

오늘 시작하자

집착을 버리자

풍류를 즐기자

몸이 명함이다

당당하게 쫙 펴자 ::20~30대 모임

살다 보면 인생이 구겨진 것처럼 느껴질 때가 있죠. 다리미로 구겨진 부분을 쫙쫙 펴고 싶은 때가 있습니다.
저도 제 인생에서 가장 구겨진 때를 생각해보니 그것은 20대였던 것 같습니다. 참으로 무의미하고 엉망으로 구겨져 있었습니다. 그래서 지금도 20대 시절을 다리고 또 다리면서 살고 있습니다.
자, 우리 이제부터라도 구겨지지 말고 쫙쫙 펴면서 삽시다. 가슴 쫙 펴고 당당하게 인생을 삽시다.
제가 '당당하게'라고 외치면 다들 힘차게 '쫙 펴자'라고 외쳐주세요.

당당하게 쫙 펴자

...
패기 있게 '쫙쫙'을 강조하는 것이 포인트다.

오늘 시작하자 ::20~30대 모임

'개천에서 용이 났다'라는 말, 여러분 잘 아시죠? 반기문 유엔 사무총장이 바로 이런 분입니다. 가난한 시골 소년이 온 세상을 가지기 위해서 늘 외쳤던 말이 있답니다.
"지금 잠을 자면 꿈을 꾸지만 지금 공부하면 꿈을 이룬다."
꿈을 이루기 위해 시골 소년은 하루하루를 실천으로 채웠답니다. 우리도 더 이상 꿈만 꾸지 말고 오늘 바로 그 일을 시작합시다.
제가 '오늘'이라고 외치면 여러분은 '시작하자'라고 소리쳐주세요.

오늘 시작하자

• • •
꿈을 이룬 다양한 성공 인물과 그의 말을 인용해보자.

집착을 버리자 ::40~50대 모임

법정 스님이 한때 난에 집착했던 적이 있었습니다. 하루는 뜨거운 볕에 두고 나온 난이 다 죽어갔답니다. 법정 스님은 그 곁에서 가슴이 미어져가는 아픔을 느꼈습니다. 그때 그 분이 깨달은 것이 있습니다.

"집착이 이렇게 괴로운 것을. 난아, 내가 너를 가진 줄 알았더니, 네가 나를 가졌구나."

그 후 집착을 떼어내는 심정으로 난을 다른 사람에게 주어버렸다고 합니다. 우리도 너무 집착해서 그것이 나를 소유해버린 것이 없습니까? 저는 아마 이렇게 말할 겁니다.

"술아, 내가 너를 마신 줄 알았더니, 네가 나를 마셨구나."

이제 우리는 어느 정도 집착을 버리고 마음의 평화를 찾아야 하는 나이가 아닌가 싶습니다.

제가 '집착을'이라고 말하면 여러분은 '버리자'라고 외쳐주시기 바랍니다.

집착을 버리자

• • •

집착하고 있는 것. 모두가 공감하는 집착을 발굴해보자. 돈, 담배, 성공 등…….

풍류를 즐기자 ::60대 모임

옛사람들은 이렇게 말했습니다. 20대는 꿈을 선택하는 '선몽기'이고 30대는 꿈을 향해 정진하는 '연마기'이고 40대는 실력을 펼치는 '용비기'라고 했습니다.

그럼 50대 이후는 무엇일까요? 남은 꿈을 실현하고 노니는 '풍류기'라고 했습니다.

젊은 시절 인내와 고통을 다 이겨낸 여러분이야말로 진정한 풍류를 즐길 자격이 있는 분들입니다. 오늘 우리의 나이듦과 여유를 즐깁시다.

제가 '풍류를'이라고 외치면 큰소리로 '즐기자'를 외쳐주세요.

풍류를 즐기자

• • •

연령대별로 선몽기, 연마기, 용비기, 풍류기를 순서대로 잘 외워두는 것이 중요하다.

몸이 명함이다 ::60대 모임

우리 나이가 올해로 6학년에 접어들었습니다. 우리는 20대 이후 참 다양한 명함을 갖고 살았죠. 저는 사원부터 사장까지 명함을 달아봤습니다. 그런데 은퇴를 하고 보니까 이제 내놓을 명함이 없습니다. 그래서 우스갯소리로 이렇게 말합니다.

"제 몸이 명함입니다."

그런데 이게 사실입니다.

나이 들면 몸이 명함입니다. 내가 가진 건강, 활력, 매력, 이런 게 바로 자산이니까요. 지금부터라도 열심히 갈고 닦아서 멋진 명함을 만듭시다. 건강하게 활력 있게 삽시다.

제가 '몸이'라고 외치면 여러분은 '명함이다'라고 외쳐주시기 바랍니다.

몸이 명함이다

• • •

몸이 명함이란 의미 전달을 다소 유머스럽게 해야 한다.

계절/날씨

땀방울은 열매다

시련을 즐기자

뜨겁게 사랑하자

비가 좋다 술이 좋다

눈송이처럼 달려가자

봄 하늘로 굿샷 ::봄 / 골프 모임

저는 해마다 봄이 되면 아직도 마음이 설렙니다. 뭔가 새로운 일, 좋은 일이 생길 것 같은 예감이 듭니다. 봄이 좋은 이유는 역시 사람의 마음을 설레게 하기 때문인 것 같습니다. 이런 시 아십니까?
'봄이 속삭인다. 꽃피라, 희망하라, 사랑하라, 삶을 두려워하지 말라.'
뭔가 마음에서 새로운 새싹이 움트는 것 같은 생동감이 느껴지지 않으십니까? 오늘 이렇게 누런 잔디를 비집고 올라온 새싹 위에 서서 라운딩을 하게되니 저절로 몸도 마음도 튀어오르는 것 같습니다.
봄이 되면 겨우내 언 땅에 있었던 새싹도 스트레칭을 하고 붕대로 꽁꽁 싸매져 있던 나무도 스트레칭을 합니다.
우리도 겨우내 움츠렸던 몸을 쫙 펴고 싱그런 봄 안으로 멋진 굿샷을 날려봅시다. 제가 '봄 하늘로'라고 외치면 여러분은 '굿샷'이라고 외쳐주세요.

봄 하늘로 굿샷

• • •

봄철 등산이나 야유회 등 다양한 야외 모임에 활용해보자. 골프 라운딩을 '오늘의 산행' '오늘의 야유회' '체육대회' 등으로 바꾸고 '봄 하늘로 걸어가자' '봄 하늘로 날아오르자' 등의 구호로 다양하게 바꾸어보자.

땀방울은 열매다 ::여름 / 등산 모임

더우시죠? 이미 땀을 한 바가지나 흘린 분들이 눈에 띄는군요.
"좋은 계절 다 놔두고 이 더위에 무슨 산행이냐."
이런 말씀을 하는 분도 있을 법합니다. 그런데 오늘 어떤 생각이 드셨습니까? 여름이 3개월밖에 안 되는데 이렇게 땀을 한 바가지나 흘린 날이 며칠이나 있었습니까? 집에서 나오면 자동차에서 에어컨 바람 나오고 회사에 가면 또 에어컨 나오고.
사실 우리가 땀을 흘리고 싶어도 흘릴 수가 없어요. 그런데 땀은 나오라고 있는 거거든요. 땀을 땀답게 흘려줘야 정말 여름 맛이 나지 않겠습니까? 어린 시절 여름이 더 여름다웠고 어린 시절 겨울이 더 겨울다웠다고 말하는 이유가 뭐겠습니까? 땀도 흘리고 추위에 떨어도 봤던 기억 때문일 겁니다.
여러분, 오늘은 이 뜨거운 여름 아래 무차별로 노출되어봅시다. 뜨거운 태양과 뜨거운 땀방울이 모여 제대로 된 여름을 오늘 만들어봅시다. 오늘 여름산행을 마음껏 즐기시기 바랍니다. 제가 '땀방울은'이라고 외치면 여러분은 '열매다'라고 화답해주시기 바랍니다.

땀방울은 열매다

• • •

'땀을 흘려야 여름을 여름답게 보내는 것이다'라는 메시지를 전달하는 것이 핵심이다. 여름철 다양한 야외 모임에 활용해보자.

시련을 즐기자 ::가을

광화문을 지나다가 이런 시를 봤습니다.
'대추가 저절로 붉어질 리 없다. 저 안에 태풍 몇 개, 천둥 몇 개, 벼락 몇 개.'
올해 여러분은 태풍과 천둥과 벼락을 몇 개나 맞으셨나요? 그 시련의 숫자만큼 우리의 삶이 더 붉게 여물었을 겁니다.
이 깊어가는 가을을 향해 더 붉게 더 열정적으로 살아가자는 의미에서 제가 '시련을'이라고 외치면 여러분은 '즐기자'라고 외쳐주세요.

시련을 즐기자

···

이 시는 끊어 읽기가 포인트다. '태풍 몇 개'를 말한 후에 2초 정도 말을 끊고 '천둥 몇 개' 후에 다시 2초 정도 말을 쉰다. 그래야 사람들이 시의 여운에 몰입할 수 있다.

뜨겁게 사랑하자 :: 겨울

'연탄재 함부로 차지 마라. 너는 누구에게 한 번이라도 뜨거운 사람이었느냐.'
안도현 시인의 유명한 시입니다.
저는 겨울마다 이 시를 떠올립니다. 그리고 지난 1년간 제가 얼마나 뜨거운 사람이었는지 생각합니다.
여러분은 어떠십니까? 올겨울에는 누군가에게 뜨거운 연탄 한 장이 되고 싶지 않으십니까?
그런 의미에서 제가 '뜨겁게'를 외치면 여러분은 '사랑하자'로 화답해주세요.

뜨겁게 사랑하자

• • •
겨울철 어떤 모임에서건 쓸 수 있는 품격 있는 건배사다.

비가 좋다 술이 좋다 ::비

오늘 비가 옵니다. 이 세상에서 비와 술을 빼면 뭐가 남을까요? 아마 이 세상의 모든 낭만이 죽어버리겠죠. 낭만이 죽으면 멋들어진 시 한 편도, 찐한 유행가도, 애절한 사랑도 다 사라질 겁니다. 낭만이 죽으면 우리 인생도 죽은 겁니다.
자, 비 내리는 오늘을 술과 함께 즐깁시다. 낭만을 즐깁시다. 제가 '비가 좋다'라고 하면 여러분은 '술이 좋다'를 외쳐주세요.

비가 좋다 술이 좋다

• • •
비 오는 날 건배사로 활용해보자. '낭만'을 한껏 드러내보자.

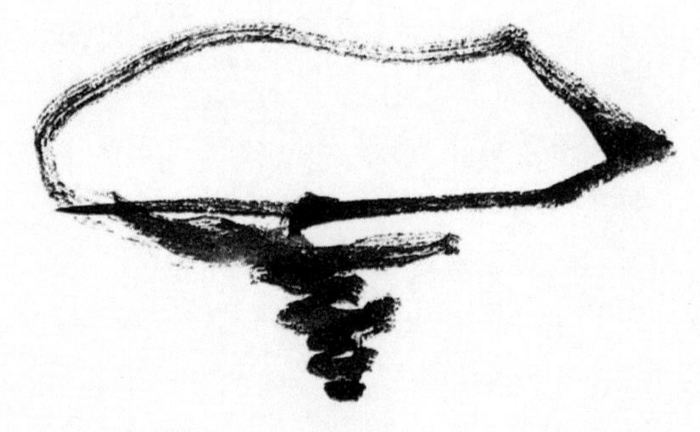

취중진담(醉中眞談)
술은 최악의 밀고자다.

눈송이처럼 달려가자 ::눈

오늘처럼 눈 내리는 날엔 문정희 시인의 「겨울사랑」이란 시가 떠오릅니다.
'눈송이처럼 너에게 가고 싶다. 머뭇거리지 말고, 서성대지 말고, 숨기지 말고, 그냥 네 하얀 생애 속에 뛰어들어 따스한 겨울이 되고 싶다. 천년 백설이 되고 싶다.'
우리도 눈송이처럼 이 겨울 지친 사람들에게 달려가 따뜻함을 나누는 사람이 됐으면 좋겠습니다. 뜻밖의 행운이 되었으면 좋겠습니다. 그런 마음으로 제가 '눈송이처럼'이라고 외치면 다 함께 '달려가자'라고 크게 소리쳐주세요.

눈송이처럼 달려가자

• • •
사람들이 몰입할 수 있도록 시낭송회 무대에 섰다고 최면을 걸고 감정을 담아 시를 읊어보자.

찾아보기

아트 스피치 연구원 교육 프로그램

최고경영자 과정

대상 고품격 스피치가 필요한 CEO, 임원

내용 리더를 위한 스피치 역량강화 프로그램. 스피치 베이직에서 상황별 목적별 즉석 스피치까지.

기간 매년 2학기(3월/9월) 진행(14주간 주 1회 3시간)

카리스마 스피치 과정

대상 다양한 스피치 상황을 접하는 실무자

내용 인터뷰, 보고, 회의진행, 프레젠테이션 등 성공적인 직장 생활을 위한 실습 위주의 스피치 프로그램

기간 매년 2학기(3월/9월) 진행(12주간 주 1회 3시간)

3일 속성 스피치 '무탁스' 과정

대상 직장인, 대학생, 취업준비생

내용 스피치 기본기와 상황별 스피치 대처 능력 배양을 통한 자신감과 경쟁력 강화를 위한 3일 속성 스피치 프로그램

기간 매달 1회 3일 과정(주말) / 방학(평일) 3일 과정(7, 8월/12, 1월)

1:1 개인/소그룹 코칭

대상 SWOT 분석을 통해 개인 또는 소그룹으로 맞춤 교육을 희망하시는 분

내용 개인의 니즈, 목적, 특성을 분석해 최단기 스피치 실력을 높여주는 교육과정

코칭 분야 정치 커뮤니케이션 / 기업 커뮤니케이션 / 프레젠테이션 전문가

빅토리 스피치

대상 각종 선거를 준비하는 예비 출마자

내용 청중 분석에서 연출까지, 거리 유세에서 미디어 스피치까지. 선거에 필요한 모든 스피치 상황을 일대일로 교육받는 프로그램

코칭 분야 Writing / Speech / Voice / Image / Media

김미경의 '파랑새' 특강

대상 대학생, 직장인 및 일반인
내용 김미경 원장이 전하는 따뜻한 영혼의 메시지. 매월 다양한 주제로 진행.
기간 매월 1회

Kids 스피치 리더십

대상 초등학생 4~6학년 (말짱, 인기짱이 되고 싶은 초등학생)
내용
- 아트스피치 기법, 커뮤니케이션 유형 진단 및 특강
- 진단 / 강의 / 소그룹 실습 및 피드백 / 조별 실습 / 담임제 관리

기간 매년 3, 9월 오픈/방학특강 매년 1,2월 / 7,8월

On-Air 스피치 과정

대상 아나운서를 준비하는 취업준비생 / 방송 스피치를 업그레이드하고 싶은 기존 아나운서
내용
- 잘 읽는 아나운서가 아닌 말 잘하는 아나운서를 지향하는 스피치 중심 교육
- 스피치 분석을 통해 내 스피치를 브랜드화하는 실습 위주의 강의
- 아나테이너로서의 끼를 표현할 수 있는 유머 스피치 기법 강의

기간 매월 오픈(평일 8회)

스토리 건배사 특강(출강)

대상 특별한 건배사가 필요한 CEO, 임원, 실무자
내용
- 상황에 맞는 창의적 건배사 만들기
- 건배사로 스타가 되는 법
- 좌중을 사로잡는 건배사 연출법

강사 장용(방송인)

교육신청 www.artspeech.co.kr | **문의 전화** 02-557-0783 | **팩스** 02-338-6768
본사 서울시 마포구 서교동 484-25 | **서초교육센터** 서울시 서초구 서초동 1696-11 3층

KI신서 2965

특별한 날, 30초의 승부

스토리 건배사

1판 1쇄 발행 2010년 11월 15일
1판 9쇄 발행 2017년 12월 26일

지은이 김미경
펴낸이 김영곤 **펴낸곳** (주)북이십일 21세기북스
편집 북이데아 김춘길
디자인 김진디자인
정보개발본부장 정지은
출판마케팅팀 김홍선 최성환 배상현 신혜진 김선영 나은경
출판영업팀 이경희 이은혜 권오권
홍보팀 이혜연 최수아 김미임 박혜림 문소라 전효은 염진아
제휴팀 류승은 **제작팀** 이영민

출판등록 2000년 5월 6일 제406-2003-061호
주소 (우 10881) 경기도 파주시 회동길 201(문발동)
대표전화 031-955-2100 **팩스** 031-955-2151 **이메일** book21@book21.co.kr

(주)북이십일 경계를 허무는 콘텐츠 리더

21세기북스 채널에서 도서 정보와 다양한 영상자료, 이벤트를 만나세요!
장강명, 요조가 진행하는 팟캐스트 말랑한 책수다 '책, 이게 뭐라고'
페이스북 facebook.com/21cbooks 블로그 b.book21.com
인스타그램 instagram.com/21cbooks 홈페이지 www.book21.com

ISBN 978-89-509-2719-6 03320
값은 뒤표지에 있습니다.